Le Code de la Genèse

Révéler l'ancien chemin de la liberté intérieure

Autres livres de Richard L. Haight

La Méditation du guerrier
La Conscience inébranlable

Le Code de la Genèse

Révéler l'ancien chemin de la liberté intérieure

Richard L. Haight

Shinkaikan Body, Mind, Spirit LLC

www.richardlhaight.com

Traduit de l'anglais par: Dalia Elleuch

ISBN : 978-1-956889-11-6

Titre original: *The Genesis Code*

Avis de non-responsabilité :

1. Certains noms et détails d'identification ont été modifiés pour protéger la vie privée des personnes.

2. Ce livre n'est pas destiné à remplacer les conseils médicaux ou psychologiques des médecins ou des psychologues. Le lecteur doit consulter régulièrement un praticien de santé pour les questions relatives à sa santé physique ou mentale/émotionnelle et en particulier pour tout symptôme pouvant nécessiter un diagnostic ou une attention médicale.

Publié par Shinkaikan Body, Mind, Spirit LLC
www.richardlhaight.com

Sommaire

Introduction

Dans ce livre, comme le titre l'indique, nous allons explorer un enseignement secret trouvé dans l'ancien Livre de la Genèse. Pour en avoir une compréhension précise, nous devons veiller à ne pas croire que les peuples anciens enseignaient ouvertement comme nous le faisons aujourd'hui. Les personnes modernes qui lisent les écritures anciennes pourraient supposer que les enseignements manifestes décrits dans ces textes reflètent ce que les auteurs orignaux ont réellement enseigné et apprécié. Cette supposition est probablement incorrecte pour un certain nombre de raisons. Nous avons la chance d'avoir un rare aperçu de la disparité entre les véritables enseignements et ce qui est montré publiquement à travers les récits canoniques de Jésus.

Saviez-vous que les véritables enseignements de Jésus étaient secrets et que le conenu de la sainte Bible peut ne pas inclure son enseignement fondamental ? Des citations attribuées à Jésus dans les livres de Matthieu, Marc et Luc indiquent clairement que Jésus a caché son véritable enseignement à tout le monde, sauf à ses disciples. Cette déclaration se retrouve dans les trois évangiles synoptiques, ce qui lui donne beaucoup plus de poids. Comme ces trois récits font apparaître Jésus comme peu sympathique pour les masses, une image que les premiers chrétiens n'auraient probablement pas voulu voir diffusée, l'affirmation est probablement vraie.

Matthieu 13:10-13 cite Jésus comme suit :

> **10** Les disciples s'approchèrent, et lui dirent: Pourquoi leur parles-tu en paraboles ? **11** Jésus leur répondit: Parce qu'il vous a été donné de connaître les mystères du royaume des cieux, et que cela ne leur a pas été donné. **12** Car on donnera à celui qui a, et il sera dans l'abondance, mais à celui qui n'a pas on ôtera même ce qu'il a. **13** C'est pourquoi je leur parle en paraboles, parce qu'en voyant ils ne voient point, et qu'en entendant ils n'entendent ni ne comprennent.

Marc 4:10-12 contient presque exactement le même récit :

> **10** Lorsqu'il fut en particulier, ceux qui l'entouraient avec les douze l'interrogèrent sur les paraboles. **11** Il leur dit: C'est à vous qu'a été donné le mystère du royaume de Dieu; mais pour ceux qui sont dehors tout se passe en paraboles, **12** afin qu'en voyant ils voient et n'aperçoivent point, et qu'en entendant ils entendent et ne comprennent point, de peur qu'ils ne se convertissent, et que les péchés ne leur soient pardonnés.

Luc 8:9-10.

> **9** Ses disciples lui demandèrent ce que signifiait cette parabole. **10** Il répondit: Il vous a été donné de connaître les mystères du royaume de Dieu; mais pour les autres, cela leur est dit en paraboles, afin qu'en voyant ils ne voient point, et qu'en entendant ils ne comprennent point.

Le fait que Jésus ait gardé secrets les véritables enseignements ne devrait pas surprendre, car les Évangiles nous disent clairement que c'est le cas. De nombreux détenteurs de traditions anciennes travaillent dur pour protéger leur savoir. Ce qu'ils révèlent au public est souvent loin de ce qu'ils pratiquent en secret.

Il se trouve que je suis un détenteur de la tradition de plusieurs arts anciens du samouraï. Vous pouvez vous entraîner pendant des années pour atteindre les niveaux les plus élevés, en pensant que vous savez de quoi il s'agit, mais vous découvrez que les secrets vitaux qui déverrouillent la véritable puissance du système restent cachés aux étrangers comme aux élèves avancés. Même parmi les étudiants de haut niveau, la plupart n'accèdent jamais à ces secrets et continuent à pratiquer, ignorant les "joyaux" ou les connaissances secrètes du système.

On peut se demander pourquoi les gens cachent leur art ou leur sagesse de cette façon. Dans le cas des arts dont j'ai hérité, il était historiquement considéré comme vital de cacher le savoir à l'ennemi, qui pouvait l'utiliser contre votre clan s'il l'obtenait. Habituellement, les secrets les plus profonds n'étaient enseignés qu'à une poignée de personnes, généralement des parents proches du maître. De nombreux arts anciens du samouraï ont été perdus ou édulcorés en raison de ce type de secret.

Imaginez que vous ne transmettiez votre art qu'à quelques personnes de confiance qui meurent ou ne parviennent pas à le transmettre. En l'absence de successeurs parfaitement formés, les élèves restants prennent le relais et enseignent le système sans se rendre compte qu'il leur manque des connaissances essentielles. L'art continue à exister en tant que tel, mais il perd une grande partie de sa véritable valeur.

Reste à savoir comment on sait que l'on a vraiment découvert et incarné ces secrets. Dans le cas des systèmes que j'ai reçus, vous le savez parce que vous pouvez faire sans effort tout ce que le professeur peut faire, et vous pouvez créer de nouvelles méthodes instantanément. Vous êtes martialement libre, et par conséquent, l'art tout entier est transformé – c'est une différence étonnante.

Heureusement, les capacités incroyables des maîtres dans les arts que j'étudie sont bien documentées, il est donc facile de vérifier si vous avez incarné les enseignements intérieurs en fonction de vos capacités. Lorsque vous atteignez ce niveau d'incarnation, l'enseignant, du moins dans ma lignée, explique pourquoi ces choses sont gardées secrètes, et vous recevez la licence de pleine maîtrise.

Considérons maintenant les anciens juifs qui auraient été réduits en esclavage en Égypte pendant un siècle et persécutés sans relâche partout où ils sont allés par la suite. Avec quel soin auraient-ils protégé leurs secrets intérieurs ? Peut-être que notre connaissance du judaïsme n'est qu'un enseignement de surface.

Et si les secrets les mieux gardés du judaïsme et du christianisme avaient été perdus il y a des milliers d'années ? Comment le saurions-nous ? Nous ne le saurions pas, et eux non plus. Il semble que j'ai trouvé ce genre de secret dans la Genèse, le premier livre de la sainte Bible. Peut-être est-ce la fameuse "vérité qui vous libère" perdue ?

C'est une déclaration audacieuse, je le sais. Après tout, c'était la promesse de Jésus, il y a quelque 2000 ans, lorsqu'il a dit : "Connaissez la vérité et la vérité vous rendra libres".

Plus précisément, ce n'est pas seulement le fait de connaître la vérité, mais la bonne application de cette connaissance qui nous rend libres. Et qui ne voudrait pas être libéré ? La réponse dépend du type de liberté auquel nous faisons référence et du prix de cette libération.

La liberté dont nous parlons ici exige un engagement et des responsabilités pour être réalisée et maintenue. Beaucoup de gens ne veulent pas prendre l'engagement nécessaire ou assumer les responsabilités requises, et c'est très compréhensible. Après tout, la vie moderne est si frénétique et remplie. Pourquoi voudrions-nous relever un nouveau défi alors que le temps nous est déjà compté ?

Parce que le temps est une chose que nous ne pourrons jamais récupérer, assurons-nous d'abord que ce livre est en phase avec vos objectifs. Veuillez vous poser les questions suivantes au fil de votre lecture :

- À quel type de "liberté" le livre fait-il référence ?
- Désirez-vous ce type de libération ?
- Êtes-vous prêt à relever le défi de réaliser votre vraie nature ?

Tout d'abord, explorons la signification de *libération* telle que je l'utilise ici. Je ne parle pas de la libération de la mort physique, de la maladie, de la douleur, de la malchance ou des mauvais traitements ; comme l'histoire le montre, ces expériences arrivent à tout le monde sans exception. Je fais plutôt référence à une liberté de nature psychologique et spirituelle.

Par "liberté", j'entends la liberté de ne pas se focaliser sur soi de façon compulsive. Être libéré de l'arrogance, du ressentiment et de la condamnation. Être libéré des cycles apparemment sans fin du blâme, de la honte et de la culpabilité. La liberté par rapport aux pensées et croyances inutiles et aux tourments de l'anxiété et de la dépression émotionnelle — le regret du passé et la peur de l'avenir. En fin de compte, je veux dire la liberté face à ce qui induit en erreur nos esprits et nos émotions.

La vérité cachée dans le livre de la Genèse est en réalité un principe directeur qui se trouve à la base même de la perception humaine. Lorsque vous commencez à réaliser et à corriger votre vie sur la base de ce principe, il est normal d'éprouver un certain degré de résistance intérieure, comme si quelque chose en vous se sentait menacé.

Vous pouvez avoir des moments de peur viscérale sans raison apparente. Donnez-vous un peu de temps, et vous verrez que la peur se dissipera. Et si vous ressentez très peu de peur voire pas du tout jusqu'à un stade avancé du processus, c'est très bien aussi. Cela dit, presque tout le monde éprouvera un certain degré de résistance psychologique au processus, car les aspects de notre identité qui ne nous servent plus, mais qui nous ressemblent encore, commencent à disparaître.

En ce qui concerne la résistance, la meilleure façon d'avancer est de l'accepter comme une partie naturelle du processus, sans essayer de la fuir ou de l'éviter. La résistance que vous pouvez rencontrer est subconsciente, presque instinctive, et n'est donc pas de votre faute, il n'y a donc aucune raison de s'en inquiéter.

Pour appliquer *le principe* avec succès, il faut se défaire de son bagage intérieur. Nous pourrions considérer *le principe* comme un feu d'autel qui brûle les mensonges qui sont en nous, ne laissant que ce qui ne peut pas brûler — le vrai vous.

Au cours du processus de combustion, vous vivrez probablement des moments de catharsis. Et avec ces moments de libération, ce qui ne peut pas brûler inspire, guide et clarifie votre vie. Grâce au processus de combustion, votre vie devient vibrante, équilibrée et ouverte, d'une manière que vous avez peut-être du mal à imaginer en lisant ce passage. En pratique, vous êtes de plus en plus libéré des leurres mentaux et émotionnels qui vous ont empêché de vivre dans la pleine authenticité.

Le principe au cœur de ce texte n'est ni idéologique, ni philosophique, ni religieux par nature ; il ne s'agit pas non plus d'un schéma de "pensée positive". Au contraire, ce qui émerge de ce processus est plus fondamental pour la nature de l'être que ces stratégies inventées par l'esprit. En fait, *le principe* fonctionne pour défaire les stratégies mentales inutiles, dont beaucoup entrent dans les catégories de l'idéologie, de la philosophie et de la croyance.

Appliquer avec succès cette vérité fraîchement redécouverte à votre vie ne signifie pas que la vie sera facile. Quoi que vous fassiez, la vie sera pleine de défis. Reste à savoir si vous souhaitez relever ces défis avec les yeux et le cœur pleinement ouverts. Si vous voulez cette capacité, cette sorte de liberté, alors *le Code de la Genèse* est probablement fait pour vous.

Sachez que *le principe* ne nécessite pas de croyance religieuse, ce qui signifie qu'il fonctionne même si vous ne croyez pas en Dieu. *Le principe* ne fait pas de discrimination de culture, d'ethnie, de couleur de peau, de classe sociale ou de statut dans le monde. Il fonctionne exactement comme vous l'appliquez, ni plus, ni moins.

Le principe réside au niveau de l'unité perceptuelle, où nous sommes tous identiques. Pour atteindre ce niveau d'unité, nous devons atténuer les croyances qui nous empêchent d'accéder pleinement à ce niveau de perception. Êtes-vous prêt à remettre en question et à assouplir vos croyances, en particulier celles qui sont confortables ? Cela ne fonctionnera pas si vous refusez d'y renoncer.

Si elle est pleinement utilisée, la vérité cachée de la Genèse révolutionnera la façon dont vous percevez la vie et vous-même en dissolvant les divisions intérieures et les motivations inutiles qui causent toutes sortes de désaccords. Le résultat de cette dissolution est un sentiment incarné d'unité avec la vie, de clarté et de légèreté de cœur. Le degré d'unité, de clarté ou de légèreté que vous ressentirez dépendra de la profondeur de votre ouverture et de la manière dont vous appliquerez *le principe* dans votre vie quotidienne.

Je ne suis ni révérend, ni pasteur, ni moine, ni prêtre. Je ne suis jamais allé dans une école religieuse, et je n'en ai pas l'intention. En fait, je n'ai pas assisté à un rassemblement religieux d'aucune sorte depuis plus de 25 ans. Comme je l'ai déjà dit, je ne suis pas un adepte de la religion. Au contraire, j'ai pratiqué toute ma vie les arts de la conscience corps-esprit, à savoir les arts martiaux, méditatifs et thérapeutiques.

Cela nous amène à la question de savoir comment j'ai découvert le code. Depuis l'enfance, j'ai régulièrement reçu des expériences mystiques qui ont révélé un certain degré de la nature de l'existence, de l'esprit et de la conscience. Partager ce que j'ai reçu avec le monde est une joie absolue. Au fur et à mesure que je partage, j'en découvre encore plus.

Je vous laisse le soin de déterminer si ce que je partage ici a une valeur dans votre vie. Pour moi, la valeur du *principe* est directement proportionnelle à la façon dont son application améliore la qualité de mon expérience quotidienne. Vous pourriez appliquer la même métrique dans votre évaluation de ce livre et du *principe* qu'il révèle.

Ayant beaucoup parlé de ce qu'est *Le Code de la Genèse*, permettez-moi de dire ce qu'il n'est pas. Bien que ce livre contienne des récits pertinents d'expériences révélatrices, il ne s'agit pas d'un mémoire. *Le Code de la Genèse* n'est pas issu de la pensée New Age, du gnosticisme, de la Kabbale, de l'hindouisme, du bouddhisme, du taoïsme ou de tout autre isme. En termes simples, ce livre révèle un *principe* fondamental qui se trouve dans le livre de la Genèse — point final.

Pour réitérer, si vous voulez améliorer fondamentalement la qualité de votre vie en vous défaisant des schémas internes et des divisions qui ne vous servent plus, *Le Code de la Genèse* est fait pour vous.

Le code a toujours été dans la Genèse, il nous attendait. Je ne pouvais pas le voir avant qu'il ne me soit montré. Si vous avez besoin d'aide pour décoder la Genèse, comme cela a été mon cas, ce livre peut vous être utile.

Les outils de la réussite

État d'esprit

Comme Jésus l'a si souvent dit : "Car on donnera à celui qui a, et il sera dans l'abondance, mais à celui qui n'a pas on ôtera même ce qu'il a." Si vous comprenez les enseignements et les appliquez à votre vie, vous en bénéficierez encore plus, vous comprendrez encore plus profondément. Mais si vous percevez mal les enseignements, votre confusion sera encore plus grande à la suite de ces enseignements. Il est sage de procéder avec prudence. Ce livre fait tout ce qui est possible pour préparer vos yeux à voir. Si vous pratiquez *le principe* avec une honnêteté totale jusqu'au fond de votre âme, les bénéfices vous étonneront !

Avoir les yeux pour voir et les oreilles pour entendre signifie en grande partie avoir un cœur honnête et ouvert, et la capacité de mettre de côté les notions préconçues qui peuvent biaiser, embrouiller ou bloquer entièrement la compréhension. Par conséquent, pour tirer le meilleur parti du *Code de la Genèse*, préparez-vous à mettre de côté des croyances fortement ancrées, au moins pendant votre lecture, et centrez-vous dans l'honnêteté. Voir le sens qui se cache derrière le code ne nécessite pas un acte de foi gigantesque, mais il sera utile d'être pleinement ouvert aux enseignements au fur et à mesure qu'ils se présentent. Vous pourrez toujours les rejeter plus tard, si vous le souhaitez.

Une nouvelle traduction selon James D. Tabor

Comme ce livre est consacré à l'exposition des enseignements essentiels de la Genèse, il était essentiel de trouver la traduction la plus réfléchie du texte hébreu original. À ma grande surprise, j'ai constaté que les diverses traductions populaires manquent de précision, de subtilité et de profondeur par rapport à l'hébreu original. Ces traductions ont tendance à passer sous silence des informations apparemment non essentielles qui, en fait, sont utiles à la bonne transmission du code.

Bien que le code, tel que je l'ai vu, s'aligne très bien même avec les traductions bibliques modernes, certaines significations supposées, certains caprices et certaines divergences dans ces traductions peuvent induire les lecteurs en erreur. Pour vérifier véritablement le code, je tenais à trouver une traduction qui reflète plus fidèlement l'hébreu original.

À mon grand étonnement, une nouvelle traduction est sortie quelques mois seulement après que le code m'est apparu. Je n'étais pas au courant de cette douce sérendipité jusqu'à ce qu'une de mes étudiantes en méditation, Linda LaTores, au courant de mes recherches, m'envoie un exemplaire de *The Book of Genesis: A New Translation from the Transparent English Bible* de James D. Tabor [ouvrage non-traduit en français – N.d.T.]. Lorsque je l'ai ouvert à enèse 1 et que j'ai commencé à lire, l'inspiration a jailli. C'était la traduction que je cherchais !

Ne voulant pas déformer le texte pour l'adapter à des idées préconçues, j'ai jugé préférable d'inclure tous les chapitres relatifs au *Code de la Genèse*, exactement comme le docteur Tabor les a traduits. Les lois strictes sur les droits d'auteur, bien sûr, empêchaient cette possibilité, à moins que l'auteur n'ait donné son autorisation.

J'ai contacté le docteur Tabor pour lui demander l'usage complet de ces chapitres. J'ai été surpris de recevoir une réponse chaleureuse de sa part, m'accordant non seulement les droits sur le texte intégral, mais aussi sur les notes qui accompagnent le texte.

La traduction du docteur Tabor est très détaillée et s'accompagne d'un système novateur de notes, d'exposants, de majuscules, de caractères gras, d'italiques et d'espaces pour transmettre des informations supplémentaires. Lorsque vous accéderez au texte traduit à partir de la Partie 2 de ce livre, veuillez vous reporter au Guide du lecteur de la traduction Tabor à la fin de cette section pour comprendre la traduction telle qu'elle doit être. Avec mes plus grands espoirs dépassés, et avec la bénédiction du docteur Tabor, j'inclus ici sa traduction.

De nombreux passages seront répétés tout au long du livre, aussi, pour éviter le désordre, j'enlèverai les notes qui ne sont pas immédiatement pertinentes pour ce qui est indiqué à ce moment-là. Les notes complètes se trouvent à la fin du livre. Par ailleurs, afin de facilement comparer les notes de bas de page avec les notes de la traduction du docteur Tabor à la fin du livre, j'ai conservé l'ordre numérique d'origine des notes de Tabor. La traduction comporte également de larges espaces destinés à indiquer au lecteur qu'il doit faire une pause et réfléchir. Je les ai supprimés du texte incorporé dans mes chapitres, mais vous pouvez les trouver dans la traduction complète à la fin du livre.

Comme le contenu lié au code se concentre principalement sur trois chapitres seulement, j'encourage vivement toute personne intéressée par le livre complet de la Genèse [si vous lisez l'anglais – N.d.T.] à acheter le livre du Dr Tabor pour les 47 autres chapitres. Sa traduction fidèle à la source contient la transmission anglaise la plus captivante du livre de la Genèse à ce jour. Je ne saurais trop le recommander !

Guide du lecteur de la traduction de Tabor

Les *caractères italiques* indiquent les mots qui ne figurent pas dans l'hébreu mais qui sont fournis pour un style anglais plus fluide.

Les noms ou termes de Dieu tels que ELOHIM, YHVR, ou ADONAI sont indiqués en majuscules.

Les notes de bas de page explicatives se trouvent en bas de la page et sont indiquées par un numéro en exposant.

Les mots en *italique gras* indiquent un accent particulier dans l'hébreu.

Masculin' Féminin' Singulier Pluriel Causitif- et l'article défini sont indiqués par ces minuscules lettres en exposant.

Ces "espaces blancs" spéciaux se trouvent dans les manuscrits hébreux originaux et indiquent une pause dans la pensée ou l'accentuation d'une section du texte.

Chapitre 1:14 Et YHVH ELOHIM dit au Nachash. "Parce que tu as fait cela, tu *seras* maudit par-dessus tous les animaux et par-dessus tous les êtres vivants des champs ; tu marcheras sur ton ventre et tu seras dans la poussière tous les jours de ta vie. 15 Et je mettrai de la haine entre toi et la femme, entre ta postérité et sa postérité ; ¹*il* te frappera sur *le* bourrelet, et tu le frapperas sur *le* talon. "16 il dit à la femme : "Faisant naître beaucoup - je ferai *naître* beaucoup ! -votre détresse' et votre grossesse ; dans la détresse vous engendrerez des fils, et vers votre homme* *sera* votre désir, et *il* dominera avec' vous."17 Et à Adam*, il dit . "Parce que vous avez écouté la⁷ voix de votre femme, et vous avez mangé de l'arbre dont je vous avais dit . "Tu n'en *mangeras* pas". *Le* sol sera maudit à cause de toi. Dans la détresse*, tu *en* mangeras tous les jours de ta vie. 18Il te poussera des épines et des chardons, et tu mangeras les plantes des champs. 19 A la sueur de tes deux narines tu mangeras du pain, jusqu'à ce que tu retournes à la terre, car c'est d'elle que tu as été pris ; car tu *es* poussière, et tu retourneras à la poussière."

¹ Ou "progéniture". Heb zera' se réfère normalement à la "semence" masculine, mais peut se référer à la reproduction féminine (Gen 16:10 ; Lev 12:2).
² Ou "meurtrir".
³ Ou "tristesse", même mot qu'au v. 17b.
⁴ Heb 'ish
⁵ Le en ce qui concerne,
⁶ Heb adamah, sans l'article. probablement ici le nom propre.
⁷ Lit "entendu à"
⁸ Ou "chagrin", même mot vv. 16.

Ressources en ligne

Lorsque j'aborde des sujets connexes trouvés ailleurs dans la Bible, j'inclus des citations de la Nouvelle version internationale (NIV), car elle figure régulièrement en bonne place sur les listes des traductions bibliques modernes les plus populaires et les plus précises. Si vous ne disposez pas d'une copie physique de la NIV, je vous recommande d'utiliser Biblegateway.com ou Biblehub.com pour vérifier les passages de la NIV. [Pour la version française, rendez-vous sur https://saintebible.com/. Le sommaire complet de la Bible est situé au bas de la page d'accueil. La barre de recherche est également très pratique à utiliser – N.d.T.]

En utilisant ces sites web, vous pouvez entrer le livre, le chapitre et le verset, et le site web vous conduira instantanément au texte dirigé. Il n'y a rien de plus facile !

Si vous souhaitez lire un chapitre entier pour connaître le contexte des citations bibliques, il suffit d'enlever les chiffres après les deux points. Par exemple, si j'indique Matthieu 5:14-16, et que vous voulez voir non seulement ces versets mais aussi le chapitre entier, il vous suffit d'entrer Matthieu 5 dans le champ de recherche de Biblegateway.com ou Biblehub.com.

Vous remarquerez qu'il y a des liens entre crochets et en couleur dans le texte sur Biblegateway.com et Biblehub.com que je n'ai pas inclus dans mon livre. Je les ai supprimés en grande partie pour des raisons esthétiques. Ces liens vous amènent aux notes en bas de la page de BibleGateway et/ou BibleHub, où vous pouvez voir des traductions alternatives. À moins que ces mots alternatifs ne reflètent plus fidèlement le code que le choix de mots du traducteur, je ne les inclus généralement pas dans le texte. Je vous recommande vivement de cliquer sur chacune de ces notes pour voir les alternatives.

Partie 1

Révélations mystiques

Le principe transformateur de la Genèse a été caché à la vue de tous pendant des milliers d'années. J'ai lu la Genèse maintes et maintes fois et je l'ai manqué à chaque fois. Finalement, je l'ai vu, mais en toute honnêteté, je ne peux pas m'attribuer le mérite de cette découverte. Pour des raisons qui me dépassent, le code m'est apparu au cours d'une série de rêves et d'expériences mystiques de toute une vie.

Bien que l'accumulation de telles expériences sur quatre décennies m'ait préparé à la révélation du code, seule une poignée de ces expériences fournit le fondement essentiel requis pour reconnaître le code caché de la Genèse. La Partie 1 partage ces expériences formatrices afin de vous aider à développer un regard pour voir le code par vous-même.

Le chapitre 1 décrit la première expérience mystique, un rêve de Jésus qui a déterminé la direction et l'élan de ma vie et qui a finalement permis la prise de conscience du code.

Le chapitre 2 explore une expérience directe de la force unificatrice que beaucoup de gens pourraient appeler Dieu. Cette expérience transmet l'état d'esprit fondamental nécessaire à la fois pour percevoir le code et pour utiliser *le principe* que le code révèle.

Le chapitre 3 explore la géométrie de la conscience unifiée. Cette géométrie permettra à votre esprit de comprendre et d'incarner plus efficacement *le principe* de la Genèse.

Le chapitre 4 révèle comment le code m'a été montré. Ce chapitre vous aidera à vous défaire de croyances et de préjugés inutiles. Si on les laisse persister sans les contrôler, ces forces peuvent vous empêcher de voir toutes les ramifications du code et *le principe* qu'il véhicule.

Comme je l'ai dit, la Partie 1 est consacrée au développement des yeux pour voir, ce qui signifie développer une compréhension fondamentale appropriée. Développer une compréhension fondamentale vous aidera non seulement à reconnaître le code, mais aussi à incarner *le principe* qu'il désigne dans votre vie quotidienne. Sans incarnation, le code n'est qu'un autre encombrement mental insignifiant. Pour moi, en tout cas, l'incarnation est incomparablement plus gratifiante !

Chapitre 1

Premier contact

Ma première expérience mystique s'est produite lorsque j'avais environ huit ans. Elle m'est venue après une tentative ratée de convertir mes parents au christianisme.

Un garçon plus âgé a informé le reste des enfants du quartier que sa mère donnait des cours de catéchisme le mercredi soir. On nous a avertis que nous devions y assister, sinon nous irions sûrement en enfer. Nous y sommes allés.

Petit à petit, sur une période de plusieurs mois, l'enseignant nous a endoctrinés en nous faisant croire que nous étions des bergers du Seigneur. On nous a dit que Jésus voulait que nous convertissions nos parents au christianisme pour les sauver du feu éternel de l'enfer. Croyant pleinement le professeur, j'étais déterminé à convertir mes parents.

Lorsque je suis rentré à la maison ce soir-là, j'ai demandé à mes parents si nous pouvions discuter de religion et, à ma grande surprise, ils ont accepté. Nous nous sommes retrouvés dans la salle à manger après le dîner pour notre discussion. Comme mon père en savait beaucoup plus sur la religion que ma mère, la discussion s'est déroulée principalement entre nous deux.

Il a ouvert la conversation en me demandant si je croyais que Dieu était la source de l'amour – oui. Il m'a ensuite demandé si je pensais qu'il était bienveillant d'envoyer quelqu'un en enfer parce qu'il n'était pas chrétien. Cette question a éveillé en moi des sentiments d'incertitude. Pour illustrer son propos, il m'a demandé de m'imaginer dans la peau de Dieu. Il m'a ensuite demandé si j'enverrais quelqu'un en enfer parce qu'il n'est pas chrétien.

"Bien sûr que non", ai-je dit.

Il m'a ensuite demandé si j'aimerais ou respecterais un Dieu qui enverrait des gens en enfer simplement parce qu'ils ne sont pas croyants. Après mûre réflexion, j'ai compris que non seulement je ne respecterais pas ce Dieu, mais que je le détesterais. Mon père m'a alors expliqué qu'il y avait de nombreuses personnes dans des pays lointains qui n'avaient peut-être jamais entendu parler du christianisme et qui n'avaient donc pas la possibilité de le choisir comme religion. Il me semblait injuste qu'ils aillent en enfer simplement parce qu'ils manquaient d'informations.

Il a ensuite expliqué que d'autres religions prétendent également que seuls ceux qui pratiquent *leur* culte sont épargnés par les feux de l'enfer. J'étais confus. Comment plusieurs religions peuvent-elles faire la même affirmation ? J'ai compris que soit nous allons tous en enfer, soit cette doctrine particulière est fausse. Dans un cas comme dans l'autre, si Dieu opérait selon cette politique, à mon avis, il n'était pas digne de respect.

Nous avons ouvert nos Bibles et commencé à comparer les versets. Après comparaison, il a souligné les différences entre les trois traductions de la Bible, et comment, à partir de ces variations, on pouvait arriver à des conclusions différentes. Il a ensuite attiré mon attention sur les différences entre les récits de résurrection tels qu'ils sont relatés dans Matthieu, Marc, Luc et Jean. J'ai été choqué de voir à quel point ils étaient radicalement différents, même dans une seule version de la Bible.

Les quatre récits de ce moment décisif sont si contradictoires qu'aucun d'entre eux ne semble digne de confiance. Les récits vont du surnaturel au banal, de l'entrée dans le tombeau au séjour à l'extérieur. Au mieux, un seul de ces récits pouvait refléter les événements réels survenus au tombeau, mais il n'y avait aucun moyen de savoir lequel, le cas échéant.

Je me suis demandé dans quelle mesure le récit de la vie de Jésus était également déformé. Les divergences évidentes ont semé le doute dans mon esprit quant à la fiabilité des chroniqueurs de Jésus, et donc de l'ensemble du récit de Jésus. Au fond de moi, je sentais toujours qu'il y avait un noyau de vérité incroyablement important dans la sainte Bible, mais je ne pouvais pas identifier cette vérité.

Au terme de notre discussion, mon père m'a confié qu'il pensait que personne ne connaissait la vérité sur Jésus ou sur Dieu. Il a ensuite souligné que si je voulais vraiment connaître la vérité sur Dieu, je devais être très honnête, garder l'esprit ouvert et continuer à chercher.

J'ai eu la chance que mon père ait étudié la Bible et qu'il soit disposé à discuter du sujet avec honnêteté et respect avec moi, même si je n'étais qu'un enfant. Contrairement à ce que l'on pourrait croire, notre conversation ne m'a pas détourné de la Bible ; au contraire, elle m'a incité à la prendre plus au sérieux. J'ai compris que je devais éliminer mes préjugés positifs et aborder le livre plus honnêtement. Même après cette conversation, je me suis senti profondément attiré par le récit du Christ.

Peu après cette conversation, j'ai vécu ma première expérience mystique. Un soir, après m'être couché, je me suis réveillé dans un état de rêve qui me semblait infiniment plus réel et significatif que la réalité ordinaire, et j'ai trouvé un homme allongé sur le sol au milieu de ma chambre.

Se réveiller avec un étranger dans la chambre devrait terrifier n'importe quel enfant, mais bizarrement, je n'ai ressenti aucune peur. J'ai regardé autour de moi et j'ai remarqué que la pièce était remplie d'une lueur chaude qui semblait m'inviter à venir vers lui.

Je suis sorti du lit et me suis approché de son côté gauche. En m'approchant de lui, nos yeux se sont rencontrés. En le regardant dans les yeux, j'ai eu l'impression d'être absorbé par des puits infinis de sagesse, de compassion et de profonde tristesse. Instinctivement, j'ai su que cet homme était Jésus-Christ. Comment je l'ai su, je ne peux pas le quantifier précisément – je le savais simplement au plus profond de mon être.

Il m'a regardé dans les yeux un moment et a dit d'une voix longue et traînante : "Aide-moi". Dans mon innocence d'enfant, j'ai supposé qu'il me demandait de l'aider à se relever, alors j'ai attrapé son poignet gauche des deux mains et, avec la plus grande force de traction qu'un enfant de huit ans pouvait exercer, j'ai essayé de le soulever sur ses pieds.

A ma surprise, son bras s'est déformé dans ma prise comme un ballon d'eau. J'ai regardé son corps et j'ai vu qu'il s'était affaissé. J'ai réalisé qu'il n'avait pas de squelette. Confus, j'ai regardé de nouveau dans ses yeux. Après un moment, il a répété lentement : "Aide-moi."

Je me suis réveillé en larmes, confus et paniqué, voulant aider mais ne sachant pas comment, voulant retourner dans ce rêve mais incapable de le faire. J'ai fait le même rêve plusieurs fois pendant une période d'environ six mois. Chaque fois, c'était exactement la même chose dans les moindres détails, ce dont je ne me souvenais qu'au réveil. Dans le rêve, cependant, il semblait toujours que c'était la toute première fois.

Ce rêve était si significatif que son souvenir me suivait tout au long de mes journées ; les mots "Aide-moi" résonnaient au fond de mon esprit, où que je sois. Je suis devenu obsédé par l'idée de percer le mystère de ce rêve.

Tout ce que je voulais vraiment, c'était aider Jésus. Le seul problème : je n'avais aucune idée de ce que Jésus attendait de moi. Je ressentais une énorme frustration après chaque rêve, car je me réveillais toujours juste avant de recevoir sa réponse.

Au réveil, je me souvenais des nombreuses fois où je m'étais réveillé aussi confus. La frustration est née de la combinaison de la confusion et de la conviction croissante que je ne recevrais jamais de réponse. J'étais coincé dans la double boucle d'un rêve qui se répétait et d'un tourment émotionnel, voulant désespérément aider mais incapable de le faire.

"Si seulement je pouvais rester dans le rêve quelques instants de plus, j'aurais ma réponse", ai-je pensé.

Chaque nuit, avant de m'endormir, je priais pour rester dans cet état de rêve juste un peu plus longtemps afin d'entendre la demande complète de Jésus. Pendant des mois, mes prières sont restées sans effet, jusqu'à ce qu'une nuit, j'obtienne enfin la réponse.

Le rêve était exactement le même que d'habitude, mais de façon inattendue, à l'instant où je me réveillais toujours, le moment où Jésus demande de l'aide pour la deuxième fois, une poussée d'énergie a rempli mon corps, m'ancrant dans le rêve.

"Comment puis-je vous aider ?" Ai-je demandé.

Jésus m'a regardé droit dans les yeux et, après une pause, il m'a dit : "Trouve mes os, car ils constituent le cœur de mon enseignement. La plupart de ce qui est écrit à mon sujet est faux. L'humanité a tellement déformé mes enseignements à des fins égoïstes qu'il n'en reste que peu d'essence. Le peu qui reste est largement négligé dans les rituels religieux et la confusion. Trouve l'essence de mes enseignements et rends-la au monde. C'est ainsi que tu peux aider. Le feras-tu ?"

Chaque cellule de mon corps semblait s'illuminer d'inspiration. Je savais que c'était le but de ma vie. "Oui, ai-je dit, je le ferai". Sur cette promesse, je me suis réveillé du rêve avec un profond sentiment de soulagement. C'est la dernière fois que j'ai vu Jésus, et ce fut le début d'une recherche de toute une vie sur *le principe* de ses enseignements : les os du Christ.

Parce que Jésus avait indiqué qu'une petite partie de l'essence était décrite avec précision dans la sainte Bible et parce que je n'avais aucun autre endroit où commencer ma recherche, je me suis tourné vers les Écritures. Rétrospectivement, c'était un acte de désespoir, car au plus profond de mon être, je savais que je ne réaliserais pas les enseignements essentiels en lisant des livres ou en écoutant des autorités. Je ne savais pas comment trouver, mais je savais que cela me serait révélé par mon expérience de vie.

Chapitre 2

L'Infini

Une quinzaine d'années se sont écoulées avant que je reçoive des informations notables concernant ma promesse à Jésus. Au début de la vingtaine, j'ai enfin fait des progrès. Je venais de me casser la cheville. La douleur était atroce, et j'essayais de méditer pour la dépasser. L'intensité de la douleur a servi à garder mon esprit pleinement présent dans l'effort de méditation. Instinctivement, j'ai senti que je devais pardonner toute négativité envers moi-même, les autres et la vie. Par un processus de pardon, spontanément, de vieux souvenirs ont surgi dans mon esprit pour être vus et libérés du jugement.

À un certain moment du processus, ma perception du monde physique s'est amincie, et je suis entré dans un abîme intemporel qui a suscité une grande peur. D'une certaine manière, je savais que je devais pardonner cela aussi. La peur s'est dissipée, tout comme l'expérience de l'abîme sombre. J'ai alors fait l'expérience d'un être profondément unifié, et j'ai réalisé que j'étais en présence de l'Infini.

J'ai senti une intelligence et une puissance palpables, si parfaites et si bienveillantes qu'elles défiaient le langage. La présence était tout à fait entière – sainte. À cet instant, ma perception de l'infini, limitée par le langage, conditionnée par la culture et limitée dans le temps, s'est évaporée.

L'Infini a commencé à communiquer avec moi en dehors du langage par une compréhension directe. Il semblait que la connaissance et l'expérience entraient dans mon esprit pour être comprises immédiatement, sans réflexion, d'une manière que le langage ne peut exprimer de façon adéquate. Lorsque je m'interrogeais sur la nature de l'Infini, sa réponse, si elle était traduite en mots, était quelque chose comme "Il n'y en a point d'autre".

J'avais lu dans le Nouveau Testament que Dieu est l'alpha et l'oméga. L'alpha et l'oméga sont la première et la dernière lettre de l'alphabet grec. Cela signifie que Dieu est le début et la fin, qu'il est entier, complet, *tout ce qui est,* et j'ai donc compris que j'étais en présence de ce qu'un chrétien pourrait appeler "Dieu".

Une puissance résidait dans cette présence qui était incompréhensible, mais qui semblait pourtant pleinement palpable. Si c'était Dieu, c'était tout à fait au-delà de ce que j'avais imaginé en lisant la Bible, car je n'ai pas rencontré la moindre trace de jugement ou de colère, qualités fréquemment attribuées à Dieu dans l'Ancien Testament.

À bien des égards, l'expérience de l'Infini est à l'opposé de ces histoires, car l'Infini est parfaitement indulgent (sachant qu'il n'y a rien à pardonner), ne juge pas et aime inconditionnellement. Son harmonie est si complète que je ne me suis pas senti jugé le moins du monde en sa présence. Plus tard, cependant, alors que je me comparais au souvenir d'une plénitude parfaite, mes imperfections apparentes ressortaient de façon flagrante.

Cette comparaison ultérieure était une formulation erronée créée par mon esprit conditionné et mon ego. Je crois que des formulations aussi dures ont poussé de nombreuses religions à s'égarer avec leur doctrines de jugement. Sur la base de mon expérience, je peux facilement voir comment ce qui a pu naître d'une véritable communion avec l'Infini peut devenir un jugement étouffant.

L'expérience de l'Infini est bien plus réelle que la réalité physique ne le sera jamais. Décrire une expérience de l'Infini est plus difficile que d'expliquer la vue à une personne qui n'a jamais vu ou l'odorat à une personne privée de nerfs olfactifs. Malgré l'apparente futilité, le désir de partager a conduit à d'innombrables tentatives maladroites.

De nombreuses différences sont apparues entre les êtres humains et leurs croyances, mais la différence la plus fondamentale réside dans les croyances sur la nature de l'Univers et de la conscience. Les théologiens ont de nombreuses théories sur ce qu'est Dieu, tandis que les scientifiques ont des myriades de notions sur la nature de l'Univers.

Quelle que soit la croyance ou la notion en question, elles se résument toutes à deux perspectives principales. La première idée, à laquelle adhèrent généralement les personnes à l'esprit spirituel, est que l'Univers est conscient à sa base même et que, par conséquent, tout est conscient. Cette notion est communément appelée "panpsychisme". L'autre perspective principale, généralement soutenue par la communauté scientifique, suppose que l'Univers est composé de matière inconsciente et n'a donc pas de conscience innée.

La déclaration de l'Infini, "Il n'y en a point d'autre", indique qu'il n'y a pas de différence entre l'Infini et ce que nous considérons comme l'Univers, et donc pas de différence entre l'Infini et nous-mêmes.

La vision religieuse typique de Dieu diffère de la manière dont j'utilise le mot Infini ici. Les chefs religieux considèrent généralement que Dieu se situe en dehors de la réalité physique. Leur point de vue peut se résumer ainsi : il y a Dieu et puis quelque chose d'autre que Dieu, que Dieu a créé. Cette dualité cause aux humains beaucoup de confusion et de disharmonie.

La perspective du "point d'autre" résout la confusion une fois que l'esprit s'est acclimaté à cette perspective. Explorons l'idée du panpsychisme pour nous aider à faire cet ajustement. Le panpsychisme est une perspective qui m'était totalement inconnue jusqu'à ce que l'expérience avec l'Infini me la révèle à travers l'affirmation qu'il n'y en a point d'autre.

De nos jours, le panpsychisme est une notion de plus en plus répandue, même dans la communauté scientifique, car toutes les théories matérialistes à ce jour ne parviennent pas à rendre compte de la conscience chez les êtres humains et les animaux. La communauté scientifique a longtemps résisté à l'idée que les animaux puissent être conscients, mais des preuves toujours plus nombreuses suggèrent le contraire. Par exemple, les grands singes, les éléphants, les dauphins et même certains oiseaux comme les corbeaux et les pies ont démontré leur capacité à se reconnaître dans un miroir, à planifier l'avenir et à fabriquer des outils pour réaliser ces plans. Ces capacités sont toutes des caractéristiques que nous avons attribuées à la conscience.

Au fur et à mesure que nous découvrons que les animaux partagent des capacités que nous pensions auparavant spécifiques à l'homme, nous sommes forcés d'admettre soit que les animaux sont conscients, soit que nous ne comprenons pas ce qu'est la conscience. Je pense que les deux sont vrais : nous ne sommes pas les seuls êtres conscients et nous ne comprenons pas ce qu'est la conscience. Peut-être, juste peut-être, que la conscience est inhérente à toutes les choses de l'Univers. Peut-être que la conscience est l'Univers.

Le problème avec le point de vue matérialiste, qui affirme que la conscience est un sous-produit des processus matériels, est qu'il ne dispose d'aucune preuve vérifiable de ce qui crée la conscience – d'où elle vient, ou comment elle fonctionne, sans parler de ce qu'est réellement la conscience. Il semble que la vie humaine tourne autour de la conscience, ce qui revient à dire que, même selon les critères scientifiques, la conscience est absolument fondamentale pour toute expérience. Peut-être que la conscience est ce qui expérimente aussi bien que ce qui est expérimenté. Peut-être n'y en a-t-il point d'autre.

Aussi importante que soit la question de la conscience, à ce jour, le point de vue matérialiste n'a absolument pas réussi à faire avancer les choses. En toute honnêteté, la conscience est une chose que la science ne nous a pas encore aidés à comprendre. Si nous sommes des êtres conscients et si la conscience est au cœur de toutes les expériences que nous vivons, cela signifie que la science, en s'appuyant exclusivement sur le prisme matérialiste, n'a pas réussi à nous donner un aperçu de notre nature profonde. Il est peut-être temps pour la science de donner au panpsychisme sa juste mesure.

Il est peut-être temps d'enlever nos œillères et d'arrêter de prétendre que nous nous comprenons, que nous comprenons les autres animaux, la vie ou l'Univers. Nous devrions d'abord admettre que nous ne savons pas et que la lentille matérialiste est peut-être insuffisante pour la tâche avant de pouvoir commencer à voir avec un regard neuf.

Ce que nous savons, c'est que la conscience est au cœur de chaque instant de notre vie éveillée. Compte tenu de l'omniprésence de la conscience dans toutes les expériences, on pourrait penser que plus de scientifiques et plus d'argent affluent dans ce domaine que dans tout autre domaine de recherche. Même s'il s'agissait d'un domaine plus populaire et mieux financé, tant que nous n'abandonnerons pas le point de vue matérialiste, il est peu probable que la conscience prenne la place qui lui revient en tant que nouvelle frontière courageuse de la recherche. Jusque-là, nous resterons probablement ignorants de nous-mêmes.

Chapitre 3

Le visage de Dieu

Comme je l'ai dit dans le chapitre précédent, lorsque j'ai interrogé l'Infini sur sa nature, il a répondu "Il n'y en a point d'autre". En fait, "Il n'y en a point d'autre" n'est pas ce que l'Infini a exprimé, mais ma traduction de ce qu'il a exprimé, afin de former une phrase complète. Ce qui a été traduit, c'est "point d'autre". Ce *il n'y en a point d'autre* signifie que tout ce qui *est*, est l'Infini, ce qui inclut vous et moi. S'il y avait quelque chose dans cette expérience qui me tourmentait, c'était ce concept.

Je n'arrivais pas à me faire à l'idée que, du point de vue de l'Infini, j'étais tout. Comment est-il possible que je ne fasse qu'un avec *tout ce qui est* et que je ne le sache pas ? Comment pouvais-je être parfaitement entier alors que, selon ma propre estimation, j'étais un sac de disharmonie et de confusion ?

Pendant des années, cette question m'a tourmenté. Au fond de moi, je savais que la perspective de l'Infini était vraie, mais je ne parvenais pas à comprendre comment elle pouvait l'être. Je semblais incapable de visualiser la géométrie qui permettrait l'intégralité de l'expérience de l'infini.

Après l'expérience de l'infini, poser la bonne question est devenu mon objectif. À partir de cette rencontre, j'ai compris que la pensée séquentielle était inutile, et j'ai donc abandonné l'approche basée sur le temps. Pourtant, aucune réponse ne venait.

Pour avoir une idée de l'infini, j'ai compris que je devais considérer les choses sous l'angle du *potentiel* plutôt que de l'existence matérielle. J'ai compris que je devais rechercher une *unité* sans faille plutôt qu'une séparation. Pourtant, mon esprit m'a fait défaut.

Environ deux décennies se sont écoulées avant que je ne trouve la réponse à cette question, à nouveau par le biais d'une expérience mystique. Un soir, alors que je regardais la télévision avec ma famille, je me suis retrouvé de façon inattendue plongé dans un état visionnaire qui m'a révélé la géométrie de l'Infini. Comme cette géométrie aidera probablement l'esprit d'autres personnes à se débarrasser d'une grande partie de la confusion que j'ai connue, je veux la partager ici.

Bien que je ne sois pas capable d'exprimer complètement ce que j'ai vécu, ce modèle permet à l'esprit de voir les choses d'une manière transparente qui correspond à la description "point d'autre". De surcroît, cette perspective homogène fournit une clé pour comprendre *le principe* qui se trouve dans la mythologie de la création de la Genèse.

Dans notre modèle, nous commencerons par l'idée que la conscience est la base de *tout ce qui est*, comme décrit au chapitre 2. Imaginons que cette conscience fondamentale n'ait aucune forme réelle ou substance apparente. Nous pouvons utiliser les mathé matiques de base pour atteindre cet objectif en attribuant à la conscience fondamentale une valeur de zéro dans notre modèle. Pour rappeler au lecteur que le zéro de notre modèle est conscient, je l'appellerai indifféremment "Zéro" ou "Témoin".

Dans notre modèle intemporel, conformément à l'énoncé "point d'autre", nous dirons que Zéro (le Témoin) comprend qu'il n'a aucun prédécesseur, car sans temps, il n'y a ni avant ni après. Le Témoin est totalement ouvert consciemment, ce qui signifie qu'il est ouvert à tout potentiel, y compris à la possibilité d'oublier sa propre nature. Son ouverture sans limite permet même le potentiel de limitation, comme avoir apparemment des expériences spécifiques, tout comme les humains ont des rêves qui peuvent sembler tout à fait réels. Pour l'Infini, ces états oniriques sont des spéculations continues sur sa nature, que nous, les humains, comprenons mieux comme des hologrammes – des images en deux dimensions qui en apparence ressemblent à de la trois dimensions.

Si la plupart des humains n'ont rencontré des hologrammes que dans des livres et des films de science-fiction, nous faisons tous des rêves, que nous vivons également comme tridimensionnels alors qu'ils sont en fait contenus dans notre propre esprit. Cependant, si l'Univers est un hologramme, pour les êtres humains, l'expérience de ces "rêves" est la réalité, car nous sommes à la fois dans et de l'esprit du Témoin.

Ici, un peu de géométrie nous aidera à explorer davantage les projections conceptuelles et dimensionnelles du Témoin. Rappelez-vous que dans notre modèle, la somme du Témoin est toujours égale à zéro. Parce que la nature du Témoin est et sera toujours zéro, chaque potentiel qu'il voit est instantanément contrebalancé par le potentiel opposé. Par exemple, l'idée "est" serait équilibrée par l'idée opposée "n'est pas", tandis que "suis" est équilibré par "ne suis pas". Avec ces polarités contrebalancées à l'esprit, le Témoin spécule qu'il existe et n'existe pas simultanément.

Ainsi, pour avoir une idée visuelle du processus de témoignage, imaginons que ces deux catégories primaires de concepts (positif et négatif) constituent deux pôles opposés, un peu comme un aimant. Comme les deux concepts s'opposent de manière interdépendante, les forces positives et négatives s'éloignent du centre et se courbent l'une vers l'autre, créant ainsi des champs d'énergie circulaires. Imaginez maintenant des énergies infinies et arquées s'écoulant entre les pôles, chacune représentant différentes idées positives et négatives de soi. Voir la figure 1. L'effet combiné de ces innombrables flux d'énergie produit la forme d'un tore, c'est-à-dire une forme de beignet ou d'anneau. Voir la figure 2.

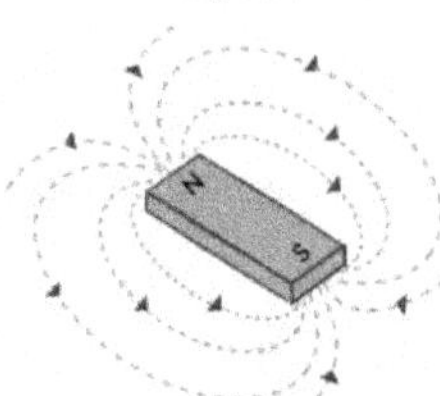

Figure 1 : Flux d'énergie magnétique

Notez que l'image du tore de la figure 2 est représentée avec un grand trou au centre pour nous aider à visualiser la géométrie. En gardant cela à l'esprit, imaginez que ce trou est incommensurablement ou imperceptiblement petit. Je décris le trou comme étant incommensurablement petit parce qu'il n'y a rien qui soit réellement en dehors de zéro. Pour obtenir une mesure réelle, nous avons besoin de quelque chose d'autre que ce qui est mesuré pour la comparaison.

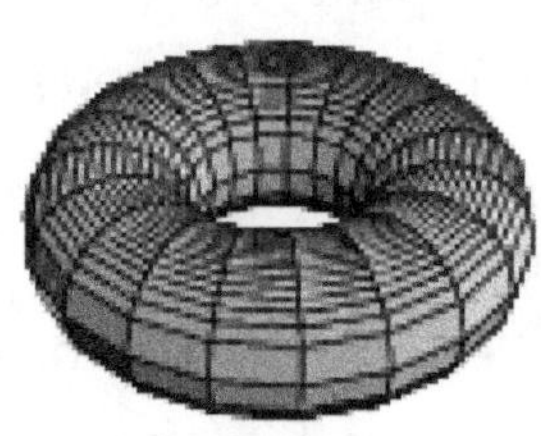

Figure 2 : Torus

Pour illustrer ce point, imaginez que vous, tout le monde et tout ce que vous connaissez existe à l'intérieur d'une boîte. Il n'y a rien à l'extérieur de la boîte, et personne n'en est jamais sorti. Dans ce scénario, vous ne pouvez pas vraiment mesurer la boîte. Avec l'impossibilité d'en sortir, vous ne pouvez mesurer la boîte que par rapport à ce qu'elle contient, de votre point de vue limité. Sans une perspective plus large, qui nécessiterait de sortir de la boîte, vous n'avez pas de moyen précis de mesurer sa taille réelle ou ce qu'elle contient. En fait, la taille de la boîte est nulle, tout comme ce qu'elle contient, même si cela ne semble pas être le cas.

Rappel : le zéro est la somme du trou et des courants d'énergie arqués qui composent le tore. Le trou est évidemment nul, tandis que les énergies positives et négatives de l'arc s'équilibrent à zéro.

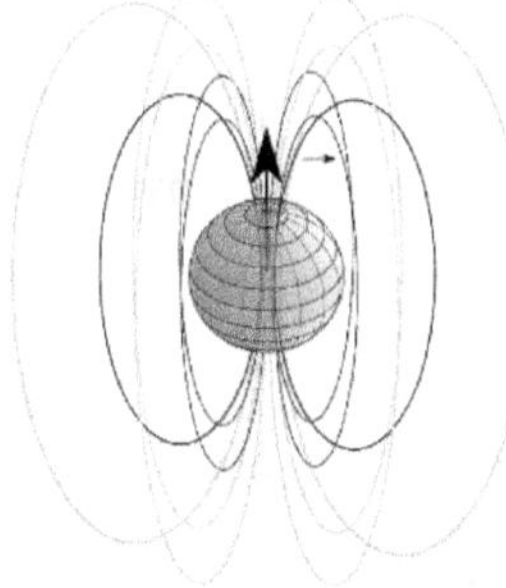

Figure 3 : Sphère de tores

Ensuite, imaginons une sphère composée de plusieurs tores, comme une planète, avec des pôles chargés en haut et en bas. Voir la figure 3. Nous pourrions imaginer que le pôle du haut représente la polarité positive à partir de laquelle se projettent les idées affirmatives comme "je suis", tandis que le pôle du bas représente le pôle négatif, qui représente "je ne suis pas". L'idée ordonnée de "je suis" se courbe vers son opposé interdépendant. Les innombrables brins unidimensionnels arqués des énergies spéculatives opposées (les tores) se combinent pour former ce qui pourrait sembler être une surface tridimensionnelle lisse.

Lorsque nous nous rappelons que l'Infini crée continuellement des projections holographiques, et que ces projections sont composées d'autres projections, nous pouvons zoomer sur une projection individuelle, un brin arqué, et voir qu'il est orné de sphères comparativement plus petites, qui sont également composées de brins d'énergie nés d'idées duelles interdépendantes, à l'infini. Ainsi, que nous fassions un zoom avant ou un zoom arrière, chaque tore composé de projections holographiques semble être tridimensionnel.

Ainsi, nous pouvons visualiser les projections continues du Témoin comme des structures tridimensionnelles qui ne sont pas sans rappeler notre propre corps, composé d'innombrables cellules microscopiques — chacune étant un témoin, un centre de perception, une danse d'énergie.

Nous pouvons aussi, comme je l'ai fait pendant ma vision, voir des concepts opposés infinis jaillir du Témoin, créant un effet visuel comme une fontaine de lumière jaillissant de ce qui ressemblait étonnamment à la pupille d'un œil.

Enfin, toujours sur la base de ma vision, nous pourrions comparer les projections holographiques continues du Témoin à celles de notre univers, qui est rempli de galaxies, de systèmes solaires, de planètes et de constellations.

Ainsi, nous avons maintenant trois dimensions, apparemment holographiques, nées d'une conscience non formée qui s'explore à travers des idées opposées – nos cellules, nos yeux et notre univers. Je vous rappelle que je ne suis pas physicien. Je ne fais que transmettre ce dont j'ai été témoin dans un état mystique, dans le but de vous aider à considérer la vie comme un champ unifié plutôt que comme un tas de particules séparées ou de corps atomiques aléatoires se heurtant les uns aux autres. Si le modèle que je propose ici aide l'esprit à visualiser plus clairement le champ unifié du Témoin, alors il atteint son but.

Parce que notre perception est limitée dans le temps, nous, les humains, voyons les sphères dans les sphères comme un processus planifié, conçu par un créateur. Cependant, dans la perspective ouverte du Témoin, il n'y a ni passé ni futur, seulement le présent — c'est une révélation, pas un choix ou un plan.

Il est intéressant de noter qu'une hypothèse scientifique populaire appelée "univers à énergie nulle" affirme que l'Univers a une somme totale d'énergie de zéro. Comment est-ce possible, pourrait-on se demander. Eh bien, si toutes les énergies positives sont contrebalancées par des énergies négatives, comme c'est le cas pour les atomes, où le nombre de protons (charges positives) correspond au nombre d'électrons (charges négatives), l'énergie nette est nulle, c'est-à-dire que la somme des énergies de l'Univers est égale à zéro.

Une critique bien connue de cette hypothèse émane d'un cosmologiste quantique, Christopher Isham. Isham suggère qu'un "ensemencement ontique" est nécessaire pour conjurer l'énergie positive et négative en premier lieu. Le mot clé "ontique" est un terme philosophique qui indique une existence physique, réelle ou factuelle.

La critique d'Isham présuppose que la matière est, en fait, une chose. Si la réalité que nous percevons s'apparente davantage à un hologramme né d'un zéro conscient, alors son argument est réduit à néant.

Comment pourrions-nous savoir si ce que nous appelons *réalité* est un hologramme ou non ? Notre intuition renforce la manière dont notre esprit est habitué à bâtir la réalité, ce qui rend très difficile la détermination de la véritable nature de la réalité.

Honnêtement, je ne sais pas comment la science pourrait déterminer l'un ou l'autre car la méthode scientifique actuelle exige des comparaisons pour tirer des conclusions. Si les scientifiques disposaient d'un moyen de sortir de la réalité pour effectuer une mesure comparative, ils pourraient peut-être nous en dire un peu plus sur cette question. Hélas, sortir de la réalité semble impossible, du moins selon notre compréhension actuelle de la physique.

Cela nous ramène au Zéro du témoin. Du point de vue du Témoin, il n'y en a point d'autre, et donc tout ce qui est perçu et ce qui le perçoit n'est rien. D'une certaine manière, il est juste de dire que vous êtes un œil du Témoin. Je suis un œil du Témoin. Tout est le Témoin. Nous sommes tous des témoins.

En quoi cette expérience mystique et la théorie du panpsychisme que nous avons abordée au chapitre 2 ont-elles un sens ? Devons-nous supposer qu'un rocher est tout aussi intelligent qu'un être humain ? Cette supposition n'est pas nécessaire si nous reconnaissons que conscience et intelligence ne sont pas synonymes.

Selon le Merriam-Webster, l'"intelligence" est définie comme suit :

> (1) : capacité d'apprendre, de comprendre ou de faire face à des situations nouvelles ou difficiles. Raissonner.

> aussi : utilisation habile de la raison.

> (2) : capacité à appliquer des connaissances pour manipuler son environnement ou à penser de manière abstraite, mesurée par des critères objectifs (tels que des tests).

Merriam-Webster définit la "conscience" comme suit :

> 1 a : qualité ou état d'être attentif, en particulier à quelque chose en soi.

> b : état ou fait d'être conscient d'un objet, d'un état ou d'un fait extérieur.

Essentiellement, l'intelligence est la capacité de jongler avec les données, tandis que la conscience, du moins telle que je l'entends, est la capacité de percevoir, de témoigner.

En partant du principe que l'intelligence est définie comme la capacité de jongler ou de manipuler des données et la conscience comme la capacité de percevoir, examinons certaines formes de vie non humaines pour approfondir cette notion.

Un insecte n'est peut-être pas capable de jongler avec beaucoup de données, mais il perçoit. En fait, la déclaration de Cambridge sur la conscience, signée par d'éminents neuroscientifiques en 2012, affirme sans équivoque que "les humains ne sont pas les seuls à posséder les substrats neurologiques qui génèrent la conscience. Les animaux non humains, y compris tous les mammifères et les oiseaux, et de nombreuses autres créatures, dont les pieuvres, possèdent également ces substrats neuronaux."

Je pense qu'au fur et à mesure que les études se multiplient, il deviendra plus clair que tous les animaux ont une conscience très élémentaire. D'après ce que j'ai vu par expérience mystique, même un atome a une conscience fondamentale d'être. Un atome n'a peut-être pas les différents sens et la capacité de penser comme vous ou moi, mais il est fondamentalement conscient de son existence.

Que nous croyions ou non que tout est conscient à un niveau fondamental, il sera utile de se rappeler le concept de panpsychisme et la nature unifiée de l'être lorsque nous aborderons la mythologie de la création de la Genèse un peu plus tard. Pour la suite, j'utiliserai indifféremment les termes Zéro, Témoin et Infini. *Témoin* est employé pour indiquer la nature perceptive fondamentale de l'être, tandis qu'*Infini* est utilisé pour indiquer son incommensurabilité.

Chapitre 4

A la vue de tous

Une nuit, au cours de l'année de mon expérience mystique que j'appelle avec humour "Le visage de Dieu", j'ai été plongé dans la dernière des expériences extraordinaires dont il est question dans ce livre. Cette nuit-là, je n'ai tout simplement pas pu m'endormir.

Mon corps s'est agité et retourné pendant des heures sans la moindre pensée dans mon esprit. Enfin, vers 3 heures du matin, je suis entré dans un état crépusculaire entre le rêve et l'éveil. Mon corps débordait d'énergie – je savais que j'entrais dans une expérience mystique.

Là, dans mon esprit, se trouvait ma Bible ouverte, les pages se tournant rapidement vers l'arrière, de la fin au début, pour finalement s'arrêter à Genèse 1, le texte d'ouverture de la Bible hébraïque. Le texte clé de la Genèse était surligné en jaune. Les pages se sont ensuite lentement tournées vers l'avant, se surlignant au fur et à mesure. Instantanément, j'ai compris que le texte surligné était un code caché qui révélait *le principe* des enseignements de Jésus, qu'à l'âge de huit ans, j'avais promis de redécouvrir et de partager avec le monde.

Je ne sais combien de temps a duré cet état visionnaire, mais une fois terminé, mon corps s'est détendu et je suis tombé dans un profond sommeil. Lorsque je me suis réveillé quelques heures plus tard, la vision était encore fraîche dans mon esprit. Je me suis précipité dans mon bureau pour comparer ce qui m'avait été montré avec ce qui était écrit dans mes différentes traductions de la Bible.

Je me suis tourné vers la Genèse 1. À mon grand étonnement, le code était là, bien en vue, à l'endroit où je m'attendais le moins à le trouver. La signification était si évidente que je me suis demandé comment j'avais pu la manquer auparavant. Après tout, j'avais lu la Genèse maintes et maintes fois au fil des ans, la détestant davantage à chaque lecture. Il est clair que, dans ma jeunesse, je n'avais pas le "regard pour voir". Je voyais maintenant que les enseignements de Jésus, s'ils étaient vrais, devaient reposer sur *le principe* caché de la Genèse.

Considérons maintenant Jésus et ses disciples. Comme nous l'avons vu dans l'introduction, Jésus aurait déclaré à ses disciples (comme le relatent les livres de Matthieu, Marc et Luc) que, pour les masses, il ne parlait qu'en paraboles pour leur cacher la vérité. Un disciple a peu de chances de comprendre ce qu'il n'est pas encore prêt à comprendre. Il faut apprendre à compter avant de pouvoir additionner ou soustraire. Au vu des nombreuses incohérences entre les quatre récits canoniques de la vie de Jésus, Matthieu, Marc, Luc et Jean, je soupçonne que ceux qui ont écrit ces histoires n'avaient pas les bases nécessaires pour comprendre le code et n'ont probablement jamais été des étudiants directs de

Jésus. La grande majorité des spécialistes de la Bible sont d'accord sur ce dernier point.

En faisant des recherches pour ce livre, j'ai découvert que le plus ancien évangile existant est Marc, sur lequel, semble-t-il, les autres évangiles, Matthieu, Luc et Jean sont basés. La grande majorité des spécialistes du Nouveau Testament pensent que l'Évangile de Marc a été écrit vers l'an 70 de notre ère, soit quelque quarante ans après la mort annoncée de Jésus.

Comme preuve de cette date tardive, ils citent des détails dans Marc sur la première guerre entre Juifs et Romains, ainsi que la mention de la bataille dans l'enceinte de Jérusalem, assiégée par les Romains. L'auteur de Marc, quel qu'il soit, n'était pas réellement un disciple de Jésus. Les livres Matthieu, Luc et Jean, écrits des décennies après Marc, semblent également avoir été rédigés par des personnes qui n'ont pas été témoins des événements de la vie de Jésus.

Si les récits bibliques de la vie de Jésus sont des ouï-dire, fondés sur des compréhensions incorrectes et sur le désir de populariser une foi en pleine expansion, comment pouvons-nous leur faire confiance ? Si je suis honnête, je ne le peux pas. Mais, comme les chapitres à venir vont le démontrer, la Genèse contient *le principe* transformateur, la vérité, que beaucoup d'entre nous recherchent.

Peu importe le nombre de personnes qui enseignent *le principe*, s'ils l'enseignent honnêtement, il s'agit du même *principe*. Dans cette optique, mon allégeance va au *principe*, et non à un enseignant spécifique, y compris Jésus.

Le principe est universel et primaire, par analogie avec les mathématiques. Les mathématiques ne sont la propriété de personne. *Le principe* n'est pas *celui* de Jésus, ni *celui* de celui qui a pu l'encoder dans la Genèse. C'est juste *le principe*.

Le principe est si simple qu'une fois vu, il ne peut être ignoré. Cela dit, il est un peu subtil au début, en raison de son caractère contre-intuitif. Cependant, avec une exposition répétée, le cerveau s'ouvre à lui. Lorsqu'elle est embrassée, cette vérité commence à défaire la prison de l'esprit et à révéler une plus grande profondeur en nous que ce que nous aurions pu croire possible.

Ne vous attendez pas à déplacer des montagnes, à marcher sur l'eau ou à ressusciter les morts; du moins, cela n'a pas été mon expérience jusqu'à présent. Si *le principe* vous offense de quelque manière que ce soit, sachez que ce n'est pas mon intention, bien que l'offense puisse être une réponse instinctive à ce qui menace des croyances réconfortantes.

Je ne crois pas que les croyances confortables soient compatibles avec *le principe*. En travaillant avec le *principe*, vous pouvez, comme moi, découvrir que vous n'avez plus besoin de croyances confortables. Tant que vous respecterez *le principe*, vous verrez que vous êtes suffisamment fort pour faire face directement aux vicissitudes émotionnelles de la vie, sans avoir besoin de l'isolation émotionnelle qu'offrent les croyances confortables. Mais soyez prévenus, une fois que vous aurez vraiment vu ce que je décris ici, essayez tant que vous pouvez, vous ne pourrez pas l'oublier.

Partie 2

Développer le regard pour voir

Avant de définir le code, parlons de ce qu'il n'est pas. La Genèse, tout comme les mythologies de la Création du monde entier, présente de nombreuses couches d'informations, mais une seule de ces couches représente le code. Un lecteur incapable d'analyser les différentes couches ne le verra certainement pas.

Dans le but de développer le regard pour voir, la Partie 2 analysera et décortiquera les couches de la Genèse qui ne représentent pas le code.

Pour atteindre cet objectif, dans le chapitre 5, nous familiariserons avec le pouvoir de la mythologie de la Création et les éléments communs de la mythologie de la Création que l'on trouve dans le monde entier.

Au chapitre 6, nous examinons spécifiquement la Genèse sous l'angle de la mythologie de la Création, comme nous avons appris à le faire au chapitre 5, afin de prendre conscience des différentes couches de la Genèse.

Au chapitre 7, nous explorons les nombreuses qualités et bizarreries essentielles de la Genèse. S'il n'y avait pas les particularités de la Genèse, il n'y aurait pas de code. Être attentif aux aspects inhabituels du texte nous aidera à développer notre regard pour voir le code lorsque nous commencerons la Partie 3.

Au chapitre 8, nous examinons comment nos idées sur la nature de Dieu et de la réalité peuvent déformer notre perception du code. J'indique également les pièges de la croyance aveugle afin que nous puissions commencer à voir à travers eux et découvrir un sens inné et naturel de l'Infini.

Chapitre 5

Le pouvoir de la mythologie de la Création

Par un moyen qui m'échappe, le code a survécu intact pendant des milliers d'années sous forme écrite et probablement beaucoup plus longtemps sous forme orale. Son intégrité est stupéfiante si l'on considère les nombreux facteurs qui servent à le cacher à la vue de tous et les nombreuses étapes sur le chemin où il aurait pu être entièrement perdu.

Presque toutes les cultures anciennes du monde ont leur propre mythologie de la Création. Bien que ces histoires varient largement d'une culture à l'autre, quelle que soit la forme qu'elles prennent, elles tendent à partager certains éléments qui contribuent à assurer la survie des sociétés qui les embrassent. Comme nous allons nous engager dans le mythe de la création du judaïsme, il est sage de comprendre ces éléments communs, car ils nous aideront à surmonter les préjugés que nous pouvons avoir pour ou contre eux. L'exercice consistant à purger nos préjugés est nécessaire pour développer le regard permettant de voir et d'apprécier le code.

Contrairement à la plupart des autres animaux, les êtres humains n'ont ni crocs, ni fourrure, ni griffes, de sorte que notre survie dépend fortement de la cohésion culturelle. Bien que l'appartenance à un groupe joue un rôle important dans le bien-être humain, même dans les pays les plus avancés sur le plan technologique, les peuples qui vivent de manière plus primitive comptent davantage sur la cohésion du groupe pour survivre que ceux qui vivent dans le monde de la haute technologie.

D'un côté, les récits de la Création sont des outils de survie sans lesquels les êtres humains n'auraient peut-être pas survécu assez longtemps pour entrer dans l'ère de la science. Ironiquement, une fois entrés dans l'ère confortable de la science, nous pouvons facilement rejeter les récits de la Création de nos ancêtres comme étant des superstitions stupides et inutiles qui devraient être éliminées pour le bien de l'humanité.

Pour l'esprit moderne, généralement laïc, la combinaison de la science, de la philosophie et de l'idéologie politique peut remplir des fonctions similaires à celles de la mythologie. Il n'est pas certain que ces éléments permettent d'atteindre le même degré de cohésion de groupe et de survie à long terme, mais la question fait l'objet d'un débat croissant, alors que nos sociétés perdent de plus en plus leur apparente stabilité sociale, économique et écologique.

Bien que nous puissions être tentés de le faire, il est sage de ne pas adopter une vision superficielle ou dédaigneuse de la mythologie de la Création. Cela nous conduirait à négliger les éléments les plus profonds de la mythologie de la Création, qui pourraient s'avérer vitaux pour notre survie à long terme. Dans un souci de précision, examinons les principaux éléments communs à la plupart des récits de la Création afin de comprendre leur fonction.

Le premier élément commun à de nombreux mythes de Création dans le monde est le surnaturel, généralement sous la forme d'un ou plusieurs créateurs. L'élément surnaturel fournit des cibles de culte partagées par la société, une valeur suprême commune. Le fait que le Créateur soit un seul être ou plusieurs semble moins pertinent que l'accord communautaire du peuple pour respecter ou vénérer cet être ou ces êtres.

En général, l'élément surnaturel représente le polythéisme, c'est-à-dire le culte de plusieurs dieux. On dit que le polythéisme se retrouve dans les cultures autochtones du monde entier. Au Japon, le shintoïsme est souvent considéré comme un exemple de polythéisme car il revendique un esprit ou une divinité distincte pour à peu près tout. Selon le shintoïsme, le Kami (divinité) existe dans toutes les choses de la nature et dans l'ensemble de l'Univers.

Si nous examinons de plus près les cultures qui semblent être polythéistes, nous constatons généralement qu'il s'agit en fait de panthéisme, c'est-à-dire de la croyance que l'Univers est l'expression du divin, ou d'hénothéisme, c'est-à-dire de la croyance que de multiples dieux inférieurs sont l'expression d'une divinité singulière qui est en tout.

Prenons l'exemple du peuple Lakota des Grandes Plaines des États-Unis, qui est souvent considéré comme polythéiste en raison de sa croyance aux esprits de la nature. Ils croient également en Wakan Tanka, qui se traduit par "Le Grand Esprit". Wakan Tanka, selon la croyance Lakota, est le caractère sacré de toute chose. Le Grand Esprit maintient l'Univers et les divinités ensemble.

Une autre religion d'Orient, l'hindouisme, est généralement considérée comme polythéiste, alors qu'elle peut aussi être panthéiste ou hénothéiste. Dans l'hindouisme, tout est considéré comme une expression du divin, mais au sein du divin, il existe de nombreuses divinités. Tant que la société dans son ensemble est ouverte à l'idée que tout et chacun est une expression du divin, la cohésion sociale peut être maintenue.

Le monothéisme, qui est le culte d'une divinité unique, est historiquement parlant un concept plutôt nouveau, et est principalement associé au christianisme, au judaïsme et à l'islam modernes. Néanmoins, une grande partie de ce qui est considéré comme du monothéisme est sans doute de l'hénothéisme. Par exemple, les musulmans et les juifs ont tendance à soutenir que le christianisme n'est pas un monothéisme, mais un hénothéisme, en raison de la croyance chrétienne selon laquelle Dieu est de nature trinitaire, composé du Père, du Fils et de l'Esprit Saint. L'hénothéisme soutient que de multiples divinités sont l'expression d'une seule essence divine, ce qui correspond à la conception que les hindous ont de Dieu. La seule différence est le nombre de représentants de Dieu. Dans le christianisme, il y en a trois en un, si l'on écarte les anges, alors que dans l'hindouisme, il y a d'innombrables dieux en un.

Quoi qu'il en soit, il est certain qu'un éventail de croyances religieuses disparates existe dans différentes sociétés, et nombre de ces structures sociales religieuses existent depuis des milliers d'années. Il semble que tant que la majorité des personnes au sein de chaque société accepte la plus haute valeur commune, qu'il s'agisse de l'adoration de dieux multiples, d'un Dieu suprême avec des expressions de dieux inférieurs ou d'un Dieu unique entièrement indépendant de la physique, la croyance partagée soutient la cohésion sociale.

La croyance en une valeur suprême commune semble avoir été et être encore essentielle à la survie à long terme des sociétés du monde entier. Le récit surnaturel a fourni cette valeur commune. Il semble que la valeur commune et le sens que le surnaturel apporte aient été le principal avantage, mais il y a aussi d'autres avantages.

L'élément surnaturel de la mythologie fournit des réponses faciles aux questions sur les origines du peuple, de la patrie, de la planète ou de l'Univers. Par exemple, le mythe de la création des peuples Lenape d'Amérique du Nord décrit la Terre comme étant soutenue par le dos d'une tortue géante, alors que le mythe hindou dit que des éléphants géants soutiennent la Terre.

Ces histoires ont rassasié la curiosité des gens, du moins jusqu'à ce que la science prouve qu'elles étaient inadéquates. Sans la science, ces histoires étaient tout ce dont nous disposions pour répondre aux questions sans réponse. Considérez que les leaders attirent un public parce qu'ils semblent confiants. Pour les masses, il semble qu'un leader qui dit "je ne sais pas" soit peu attrayant, même si "je ne sais pas" est souvent la réponse honnête.

Quelle que soit l'ingéniosité d'une histoire de la Création, elle ne pourra jamais vraiment satisfaire un esprit déterminé à comprendre la cause de l'existence. Les individus qui remettent ouvertement en question le récit sont souvent considérés comme des marginaux et sont parfois ostracisés du groupe pour ne pas avoir pratiqué un culte correctement. Les réponses mythologiques aux questions sur les origines semblent satisfaire la plupart des enfants, ce qui épargne quelque peu aux aînés les nombreuses questions auxquelles ils ne peuvent répondre. Si vous avez élevé des enfants très curieux, vous pouvez compatir.

L'un des principaux avantages des récits de Création est leur rôle central dans l'établissement et le maintien des normes sociales. Dans le Kojiki "Chronique des faits anciens", le mythe japonais de la Création, par exemple, deux dieux créent ensemble les îles japonaises. L'un des dieux est masculin (Izanagi) et l'autre féminin (Izanami). Lors de leur cérémonie de mariage, la déesse prend l'initiative maladroite de s'adresser à l'homme en premier. Cette action va à l'encontre des anciennes normes culturelles japonaises, selon lesquelles l'homme devait s'adresser à la femme en premier, car l'énergie masculine est considérée comme affirmée, comme un pénis, tandis que l'énergie féminine est considérée comme réceptive, comme un vagin.

L'histoire raconte que leur première progéniture est née difforme à cause de ce faux pas. Pour corriger le problème, ils ont dû refaire la cérémonie de mariage, en veillant à ce que l'homme s'adresse d'abord à la femme. Ce récit de la Création semble renforcer un protocole social, dans lequel les hommes étaient censés diriger.

Sans le ciment que constituent les normes sociales, il semble qu'une société ne puisse pas se maintenir sous la pression de la vie primitive, qui exige une séparation claire des rôles et du travail entre les sexes, les groupes d'âge, et parfois entre les classes. En fait, la division du travail est intégrée dans les récits, où les hommes jouent un certain rôle et assument certaines responsabilités, tandis que les femmes jouent un autre rôle et assument d'autres responsabilités. Dans l'ensemble, cette stratégie fonctionne indépendamment de la manière dont chaque tribu particulière répartit les responsabilités.

En plus de fournir une valeur suprême partagée, de répondre aux questions sur les origines et de protéger les normes culturelles, de nombreux mythes de Création incluent des justifications du droit d'un peuple à la terre qu'il occupe. Certains récits vont plus loin en justifiant le droit de ce peuple à prendre des terres ou à asservir d'autres peuples "moins pieux".

L'acquisition forcée de terres et de ressources est une tendance hideuse, c'est certain, mais elle est commune à de nombreuses autres formes de vie, et pas seulement aux humains. La différence entre les humains et les autres animaux est que les humains semblent avoir besoin de créer des récits pour apaiser les consciences. Les récits de la Création, dans certains cas, servent à justifier ce qui, autrement, ne serait pas justifiable pour la conscience.

Pour être juste, certaines croyances religieuses ont l'effet inverse, en empêchant les gens de se livrer à des actions aussi agressives. Par exemple, l'idée que tous les humains sont créés égaux, qui fait partie intégrante du christianisme, a contribué à alimenter les mouvements visant à mettre fin à l'esclavage et à offrir des droits égaux devant la loi, indépendamment de la couleur de la peau ou du sexe.

Au-delà de ces points communs, les mythes de Création du monde entier tendent également à expliquer les causes de la maladie et de la mort en l'absence de compréhension scientifique de ces sujets, et à expliquer comment être en saine communion avec les divinités, qui sont souvent considérées comme étant, ou du moins comme représentant, la flore et la faune de l'environnement. Les mythes de Création enseignent également la moralité et l'éthique, les chants, les généalogies, les lois et les récits semi-historiques, c'est-à-dire des récits très vaguement basés sur des histoires vraies.

Interpréter la mythologie uniquement à travers le prisme des faits scientifiques reviendrait à passer à côté de ses nombreuses couches et de ses objectifs, des objectifs qui étaient essentiels à la survie des tribus à l'époque de la création du mythe. Bien qu'une grande partie du contenu des récits de Création n'ait que peu ou pas de rapport apparent avec la vie moderne, ces récits peuvent néanmoins contenir des éléments qui s'avèrent utiles ou nécessaires aux humains modernes, éléments que la science est mal équipée pour fournir.

Dans le monde moderne, la valeur des récits de la Création et la tendance humaine à embrasser les récits religieux font l'objet de nombreux débats. Le débat se poursuit entre quatre groupes principaux qui encadrent les récits de manière distincte mais souvent prévisible.

Le premier groupe est constitué de croyants fondamentalistes qui considèrent que les récits sont des récits factuels de la Création, un point de vue qui est presque toujours en contradiction avec les découvertes scientifiques.

Le second parti se caractérise par l'affirmation que les vues scientifiques supplantent les récits religieux, qui sont rejetés comme des superstitions. Nous pouvons les appeler les "nouveaux athées". Ils ne considèrent pas que la tendance des humains à créer des récits religieux puisse être instinctive. Nous pouvons voir que ces deux premières voix sont catégoriquement opposées, et je suggérerais que ni l'une ni l'autre ne nous aideront dans nos objectifs ici.

Le troisième groupe se range secrètement sous la rubrique des croyants, ceux qui interprètent leurs histoires sacrées comme des métaphores destinées à transmettre les valeurs nécessaires à une société saine. Cette position sociologique, si l'on appuie dessus, s'efface souvent pour révéler que ceux qui la défendent croient en fait en une divinité surnaturelle. Nous pourrions qualifier ces personnes de croyants laïcs.

Enfin, un groupe plus restreint et en expansion au sein de la communauté scientifique soutient qu'il peut exister de véritables motivations biologiques pour la perspective religieuse. Ils suggèrent que nous ne devrions pas porter un jugement hâtif sur la tendance religieuse, qui peut être une exigence pour une société saine.

Ces explorateurs à l'esprit scientifique soutiennent que sans la religion, l'idéologie matérialiste comblera le vide et pourrait causer des problèmes plus importants que la religion. L'exemple le plus couramment cité de l'idéologie matérialiste remplissant le vide est ce que certains appellent la "politique de l'identité", une tendance contemporaine à s'aligner sans se poser de questions sur des divisions catégorielles telles que les partis politiques, l'orientation sexuelle, la couleur de la peau, la classe sociale, etc. Les célèbres psychologues Carl Jung et le docteur Jordan B. Peterson partagent ce point de vue à teneur scientifique.

Selon le docteur Peterson, partisan de la psychologie jungienne, toute idée qui ne peut être remise en question est comme un virus qui se propage à toute personne ouverte à cette idée. Si le virus idéologique se propage trop loin, il aboutira inévitablement à la tyrannie ou à un effondrement total de la société.

Les sociétés modernes sont coincées, semble-t-il, entre les forces de l'idéologie religieuse et de l'idéologie laïque. Si elle n'est pas maîtrisée, cette tension conduira certainement à un effondrement mondial des valeurs libérales qui ont inspiré le monde moderne tel que nous le connaissons. Un nombre croissant de personnes se réjouiraient ouvertement de cette issue. Ils supposent sans preuve qu'après l'effondrement viendra une amélioration. Il est sage de noter qu'il n'y a jamais eu de société durable fondée sur une idéologie matérialiste.

Il existe une autre voie, un chemin invisible, qui est encodé dans la Genèse. En surface, *le principe* peut sembler religieux, mais lorsqu'on le comprend en profondeur, on peut voir que *le principe* n'est ni religieux, ni matérialiste, ni idéaliste par nature. *Le principe* est une toute autre créature.

Chapitre 6

La mythologie de la Création selon la Genèse

Le chapitre 5 apporte un aperçu des éléments mythologiques communs afin de préparer notre regard à voir Genèse 1-3 à travers la lentille de la mythologie. Ici, nous examinons la Genèse à travers cette lentille pour voir quelles couches elle contient.

Pour vous aider à développer votre regard pour voir, j'indiquerai plusieurs éléments qui ne sont pas le code. Vous pourrez utiliser ces indications pour vous approcher de ce que vous pensez être le code. Comme les chapitres à venir le démontreront, presque rien de ce que les gens considèrent comme important ou discutent dans Genèse 1-3 n'est le code.

La Genèse s'ouvre sur une divinité surnaturelle anthropomorphisée qui précède l'existence de l'Univers, puis donne l'existence à l'Univers, au ciel, à la Terre, aux eaux, aux terres et aux êtres vivants. Le processus de création se déroulerait sur une période de six jours, le septième jour étant consacré au repos.

Le septième jour, appelé *sabbat*, a été utilisé pour imposer au peuple juif de prier, de se reposer et de réfléchir chaque samedi, ce qui est certainement bon pour la santé physique et psychologique. La pratique saine du sabbat n'est pas le code.

Entre autres choses, les trois premiers chapitres de la Genèse servent également à éduquer le lecteur sur la relation entre les humains et l'Infini. À cette fin, dans Genèse 1, on nous présente le Créateur tout-puissant. Dans Genèse 2, on nous parle de la relation d'amour entre le Créateur et l'humanité. Dans Genèse 3, on nous montre le fossé qui s'est creusé entre l'humanité et le créateur.

Ces histoires véhiculent l'idée que les êtres humains ont le potentiel de combler ce fossé et d'être ainsi acceptés par Dieu. Les juifs croient que les gens tombent dans la géhenne (l'enfer) à cause de péchés non expiés. Au lieu de se concentrer sur le péché, le judaïsme met l'accent sur l'accomplissement de bonnes actions (mitzvot). Au cours de l'ère messianique, qui, selon la plupart des courants juifs, n'est pas encore arrivée, on peut être pardonné et accepté pour inaugurer l'ère de la paix universelle.

La première description manifeste du péché se trouve dans la Genèse 4:3-7, lorsque Caïn offre à Dieu un sacrifice impropre:

> Abel fut berger, et Caïn fut laboureur. **3** Au bout de quelque temps, Caïn fit à l'Éternel une offrande des fruits de la terre; **4** et Abel, de son côté, en fit une des premiers-nés de son troupeau et de leur graisse. L'Éternel porta un regard favorable sur Abel et sur son offrande; **5** mais il ne porta pas un regard favorable sur Caïn et sur son offrande. Caïn fut très irrité, et son visage fut abattu. **6** Et l'Éternel dit

> Caïn: Pourquoi es-tu irrité, et pourquoi ton visage est-il abattu ? **7** Certainement, si tu agis bien, tu relèveras ton visage, et si tu agis mal, le péché se couche à la porte, et ses désirs se portent vers toi: mais toi, domine sur lui.

Dans ces quelques courts passages réside l'idée que la vertu, pratiquée par un bon comportement, nous permettra d'être acceptés par Dieu. L'inverse, le péché, qui, selon la pensée juive, consiste à faire ce qui n'est pas bon aux yeux de Dieu, signifie ne pas être accepté par Dieu. C'est sur ces quelques passages que repose la base du système juif d'expiation qui est décrit en détail dans l'Exode, le Lévitique, les Nombres et le Deutéronome. Cette distinction entre ce que Dieu accepte et n'accepte pas n'est pas le code.

La Genèse 2 affirme que l'homme a été créé avant la femme et que celle-ci a été créée à partir du corps du premier homme. Cette idée a inspiré les enseignements culturels selon lesquels les femmes doivent suivre les hommes. En outre, dans Genèse 3, lorsque l'homme suit la femme, il en résulte une chute de la grâce de Dieu. Cela a conduit à l'enseignement selon lequel les hommes ne doivent pas suivre les femmes. L'enseignement concernant qui doit suivre qui n'est pas le code.

Nous pouvons encore voir ce type de parti pris dans certains courants du judaïsme qui séparent les sexes dans de nombreuses activités afin d'éviter la déchéance morale et spirituelle des hommes en raison des tentations sexuelles des femmes. La plupart des juifs modernes ne suivent plus cet enseignement, à l'exception principale des juifs orthodoxes, comme mentionné ci-dessus.

Dans Genèse 2, l'emplacement de l'Éden est révélé comme suit :

10 Un fleuve sortait d'Éden pour arroser le jardin, et de là il se divisait en quatre bras. **11** Le nom du premier *est* Pischon; c'est celui qui entoure tout le pays de Havila, où *se trouve* l'or. **12** L'or de ce pays *est* pur; on y *trouve* aussi le bdellium et la pierre d'onyx. **13** Le nom du second fleuve *est* Guihon; c'est celui qui entoure tout le pays de Cusch. **14** Le nom du troisième *est* Hiddékel; c'*est* celui qui coule à l'orient de l'Assyrie. Le quatrième fleuve, c'*est* l'Euphrate.

Comme beaucoup de mythes de Création, la Genèse inclut le lieu de la Création. Cependant, bien que la description de l' Les anciens juifs comporte des repères géographiques, notamment les quatre fleuves, son emplacement ne correspond à aucune carte géographique moderne. Peut-être que l'emplacement de l'Éden ne se destinait pas à être logique.

Bien sûr, ces histoires peuvent provenir de traditions orales remontant à des dizaines de milliers d'années, et il se peut donc que les rivières et la configuration du terrain de l'époque soient différentes de celles d'aujourd'hui. Lorsque les peuples migrent vers de nouvelles terres, ils emportent souvent avec eux les noms de leurs anciens points de repère. Il est donc également possible que les noms des points de repère aient été réutilisés, comme York et New York. Dans tous les cas, l'emplacement de l'Éden n'est pas le code.

Dieu est-il unique ou multiple, masculin ou féminin ? Qu'en est-il de l'âge de la Création ? La Genèse compte les générations nées depuis que Dieu a créé Adam et Eve, ce qui, si cela était correct, indiquerait que la Terre a moins de 10 000 ans. Ce n'est pas le code. Presque aucun aspect de la Genèse sur lesquels les gens se disputent n'est le code.

Chapitre 7

L'ADN de la Genèse

Bien que la Genèse partage de nombreux éléments avec les récits de Création que l'on trouve dans le monde entier, des bizarreries aux niveaux macro et micro du récit la rendent unique. Comme notre reconnaissance du code dépend de la reconnaissance de certains de ces aspects inhabituels, nous avons besoin d'une vision honnête des qualités essentielles et du caractère unique de la Genèse pour développer notre regard pour voir.

La première et la plus évidente des bizarreries concernant Genèse 1-3 n'est pas tant le texte lui-même que la façon dont la communauté religieuse judéo-chrétienne a biaisé la perception publique de la nature de l'Infini, faisant apparaître la Genèse comme disant quelque chose qui ne se trouve pas réellement dans le texte. La plupart des mythologies de la Création dans le monde sont soit panthéistes, soit hénothéistes. Rappelons que le panthéisme est la croyance que tout est l'Infini. L'hénothéisme, qui signifie "d'un seul dieu" en grec, est le culte d'un dieu unique et suprême, sans nier l'existence possible d'autres divinités inférieures. Cela peut aussi signifier que l'Infini est un être divin unique qui a de nombreux aspects représentés par des dieux avec un "d" minuscule.

Selon la perspective subjective d'un individu, le panthéisme et l'hénothéisme peuvent signifier la même chose ou des choses très différentes. C'est un peu comme l'ancienne parabole indienne des aveugles et de l'éléphant. N'ayant aucune idée de ce qu'est un éléphant, ils en rencontrent un pour la première fois. L'un d'eux, ne sentant que la trompe, dit que c'est un serpent géant. Un autre, sentant une patte, affirme que c'est un tronc d'arbre. Un autre ne sent que la queue et affirme qu'il s'agit d'une corde. Chaque expérience partielle du tout est considérée à tort comme étant le tout.

Les adeptes de l'hénothéisme peuvent se disputer pour savoir quelle représentation du divin est la plus élevée. Par exemple, certains hindous affirment que Vishnu est le plus élevé, tandis que d'autres plaident pour Shiva. Ils ont tendance à accepter au moins l'existence de l'autre divinité. La différence est seulement de savoir laquelle représente la valeur la plus élevée. Les anciens juifs (avant Moïse) ne niaient pas nécessairement l'existence d'autres dieux. Le premier "déni" enregistré d'autres dieux serait venu plus tard par l'intermédiaire de Moïse, comme on le trouve dans le livre du Deutéronome 4:35 (VIIᵉ siècle avant J.–C.).

> Tu as été rendu témoin de ces choses, afin que tu reconnusses que l'Éternel est Dieu, qu'il n'y en a point d'autre.

À première vue, le texte ci-dessus semble excluant, mais lorsque nous réfléchissons à la déclaration de l'Infini au chapitre 2, nous pouvons voir qu'il peut plutôt s'agir d'une déclaration inclusive. "Il n'y en a point d'autre" signifie que l'Infini est tout. Quoi qu'il en soit, à la consternation de nombreux chefs religieux, Genèse 1-3 dépeint l'Infini d'une manière panthéiste ou hénothéiste, comme on le voit dans le texte lui-même.

Malgré les preuves textuelles de la Genèse, les chefs religieux nient le panthéisme ou l'hénothéisme, affirmant au contraire qu'il n'y a qu'un seul Dieu qui réside en dehors de la Création, une croyance connue sous le nom de monothéisme. Afin de ne pas nous disputer sur ce que le texte montre, mettons de côté tout préjugé que nous pourrions avoir à l'égard de l'histoire, du moins temporairement. Cela nous permettra d'explorer avec un cœur ouvert et une vision claire, qualités essentielles pour voir et appliquer le principe du code.

Vous trouverez ci-dessous les deux citations de la Genèse qui contredisent la vision monothéiste. Veuillez noter les mots-clés soulignés, car ils fournissent les preuves que nous recherchons :

> **1:26** Et ELOHIM dit : "<u>Faisons</u> des créatures du sol à <u>notre</u> image, selon <u>notre</u> ressemblance, et qu'elles gouvernent les poissons de la mer, les oiseaux des Cieux, les animaux, toute la terre et tout ce qui se meut sur la terre."

> **3:22** YHVH ELOHIM dit : "Regarde, la créature du sol est devenue comme l'un d'entre <u>nous</u>[78], elle connaît le bien et le mal ; et maintenant, craignons qu'elle n'avance sa main

---

[78] Ou "de lui", le pronom peut signifier "nous" ou "lui" ici.

et ne prenne aussi de l'arbre de vie, qu'elle ne mange et ne vive pendant un certain temps...!"

La confusion provient en partie du fait que le monothéisme est un terme très récent inventé par le philosophe britannique Henry More (1614-1687 CE). Les gens d'aujourd'hui ont tendance à penser que le concept de monothéisme existe depuis des milliers d'années, alors que ce n'est pas forcément le cas.

En raison de la présence de pronoms pluriels dans Genèse 1-3, les spécialistes de la Bible s'accordent largement à dire que le panthéisme ou l'hénothéisme étaient les points de vue probables qui y sont décrits. La plupart des cultures anciennes étaient soit panthéistes, soit hénothéistes. Mon argument ici n'est pas que nous devrions croire en un seul ou plusieurs dieux, mais plutôt de nous concentrer sans parti pris sur ce que le texte contient réellement, qui dans ce cas, ne semble pas être le monothéisme.

Étrangement, tout au long du texte, Dieu est désigné par le pronom "Il", ce qui prête à confusion car Dieu est également décrit au pluriel, comme nous l'avons vu dans les citations ci-dessus. Pour comprendre la confusion des pronoms, nous devons garder à l'esprit que l'hébreu est une langue grammaticalement genrée, comme le latin, ce qui signifie que tous les noms sont affectés d'un genre. En raison de la structure linguistique de l'hébreu, même le mot "Dieu" doit recevoir un pronom sexué. Il est clair que le genre n'est pas pertinent pour l'Infini, il est donc utile d'effacer de notre esprit toute notion de genre lorsqu'il s'agit de l'Infini.

La mythologie de la Création dans la Genèse est inhabituelle d'une autre manière importante et évidente : elle semble contenir deux récits de création distincts et largement incompatibles. Bien que les biblistes s'accordent en grande majorité à dire que deux récits de Création distincts apparaissent dans la Genèse, le clergé, presque sans exception, rejette cette idée. Cela dit, l'observation de deux mythes de création incompatibles dans la Genèse n'est pas nouvelle. Il y a environ 2 000 ans, Philo Judaeus d'Alexandrie, un philosophe juif, a commenté les contradictions de Genèse 1 et 2. Il ne voyait cependant pas ces contradictions comme un problème, car il considérait que ces récits étaient de nature allégorique plutôt que des récits historiques de la Création.

Le passage paradigmatique de la représentation historique à l'allégorie n'est pas un pas que la majorité des aînés religieux modernes ont été prêts à franchir. L'insistance religieuse sur le fait que les histoires sont des récits historiques précis amène ces dirigeants à fermer leur cœur et leur esprit à d'autres possibilités. On ne peut pas découvrir le code avec une perspective aussi fermée. Veillons à ne pas fermer nos cœurs et nos esprits de cette manière.

Pour voir les deux histoires, consultez *The Book of Genesis* situé à la fin de ce livre et remarquez que la première histoire de la création commence à Genèse 1 et se poursuit jusqu'à Genèse 2:3. La deuxième histoire de la création va de Genèse 2:4 à Genèse 2:9. Les incohérences et les contradictions entre les deux récits sont trop nombreuses pour justifier une inclusion complète ici. Certaines sont assez faciles à voir, tandis que d'autres nécessitent un œil exercé et un peu de minutie pour les remarquer. Je soulignerai ici certains problèmes majeurs et laisserai les autres aux spécialistes de la Bible.

L'incohérence la plus évidente se trouve probablement dans le nom de Dieu, qui diffère entre les deux récits. Si vous prêtez attention au texte, vous remarquerez que dans le premier récit de la création, le créateur est exclusivement appelé ELOHIM ; dans le deuxième récit de la création, le créateur, à de très rares exceptions près, est appelé YHVH ELOHIM. La plupart des Bibles modernes traduisent YHVH par "SEIGNEUR" et ELOHIM par "DIEU", de sorte que dans une Bible française moderne, vous verrez le créateur écrit comme "Dieu" dans Genèse 1:2-3 et généralement "l'Éternel" à partir de Genèse 2:4.

La recherche anthropologique révèle qu'il y avait deux tribus juives ancestrales principales qui ont fusionné au fil du temps : les tribus du Nord de Juda, qui adoraient YHVH (Yahveh), et les tribus du Sud, les Israélites, qui vivaient dans la région connue aujourd'hui sous le nom d'Israël, de Palestine et du Liban. Nous trouvons des traces du culte des Israélites dans le livre des Juges 10:6, où il est écrit que les Israélites "servaient les Baals et les Ashtoreths, les dieux de Aram, les dieux de Sidon, les dieux de Moab, les dieux des Ammonites et les dieux des Philistins".

Apparemment, il s'agissait des dieux traditionnels que les anciens Israélites appelaient collectivement ELOHIM. *El* était un terme généralisé pour "divinité" et était utilisé pour décrire n'importe quel dieu vénéré dans la région. ELOHIM est le pluriel de *El* et fait allusion à l'hénothéisme. Bien qu'ELOHIM soit généralement traduit comme un Dieu au singulier dans le judaïsme moderne, ce n'était pas le cas avant l'unification des tribus. Si nous regardons les noms des anges, nous pouvons voir qu'ils se terminent par "el" – Michael, Raphael, Gabriel et Uriel.

De nombreux spécialistes supposent que l'amalgame de dieux qui composait ELOHIM a inspiré l'idée juive ultérieure de Dieu et de ses anges, tout comme le panthéon grec, dirigé par Zeus. Quoi qu'il en soit, avant l'unification des tribus, ELOHIM représentait de nombreux dieux.

Les spécialistes de la Bible soutiennent que pour faciliter l'harmonie entre les tribus fusionnées, il fallait homogénéiser leurs mythes de Création. Genèse 1-3 semble vérifier cette homogénéisation. Explorons cette idée plus avant.

Il semble que les croyants en YHVH (que l'on aurait prononcé "Yahveh" ou "Yehovah"), appelés "yahvistes" par les biblistes, en soient venus à considérer YHVH comme le seul vrai Créateur de tout le Cosmos. À ce titre, il était interdit de suivre les autres dieux. Les croyants d'ELOHIM ont été intégrés à la religion de YHVH en fusionnant les récits de la création et les noms de leurs divinités, YHVH et ELOHIM. Cette fusion est visible dans Genèse 2, où le nom du créateur est YHVH ELOHIM.

Pendant la période du Second Temple, il était considéré comme tabou de prononcer le nom "Yahveh", c'est pourquoi la pratique juive consiste à remplacer le tétragramme (YHVH) par le mot "Adonai", qui signifie "Seigneur".

Une autre preuve des origines disparates des deux récits de la création se trouve dans leurs focalisations différentes. Le premier récit décrit la création cosmique sans s'intéresser particulièrement aux humains. Il n'inclut pas la création des humains avant le sixième jour, le dernier jour de la création.

Le second récit, qui n'est pas ordonné par jours comme le premier, se concentre avant tout sur la création d'Adam et d'Ève. Ce n'est qu'après la création du premier humain que le Créateur crée d'autres choses comme les plantes, les animaux et le jardin nommé "Éden", dans lequel l'homme devait vivre et prendre soin de lui. La description du deuxième récit de la création commence en Genèse 2:4 :

4 Voici les origines des Cieux et de la terre[31]**, au moment de leur création.** Au jour de la création[32] de YHVH[33]

---

[31] La Genèse comporte dix divisions. Toutes commencent avec la phrase *"Voici les origines..."* et elles sont indiquées en gras dans la traduction.

[32] Lit "fabrication".

[33] Nom du Dieu d'Israël יהוה (Tetragrammaton), traditionnellement Yahveh , ou Yehovah ; traduit "Seigneur" dans la plupart des versions françaises mais laissé ici comme quatre lettres sans voyelles.

ELOHIM, la terre et les Cieux, **5** et il n'y avait auparavant aucun arbuste des champs sur la terre, et aucune plante des champs n'avait auparavant germé, car YHVH ELOHIM n'avait pas fait pleuvoir sur la terre, et il n'y avait aucune créature du sol pour entretenir le sol ; **6** et un flux montait de la terre, et il abreuvait toute la face du sol – **7** et YHVH ELOHIM façonna la créature du sol – la poussière du sol[35] – et il souffla dans ses deux narines un souffle de vie ; et la créature du sol devint un être vivant qui respirait la vie. **8** Et YHVH ELOHIM planta un jardin en Éden, à l'orient, et il y plaça la créature du sol qu'il avait façonnée.

Nous pouvons voir dans le premier récit que le créateur a tout fait avant de créer les humains, mais dans le second récit, il a créé l'homme avant de créer les plantes, les animaux et l'Éden.

Les récits montrent également une grande différence dans la manière dont les êtres humains ont été créés. Dans Genèse 1, Dieu les fait naître comme suit :

26 Et ELOHIM dit : "Faisons des créatures du sol[23] à notre image, selon notre ressemblance, et qu'elles gouvernent les poissons de la mer, les oiseaux des Cieux, les animaux, toute la terre et tout ce qui se meut sur la terre." **27** Et ELOHIM créa la créature du sol à son image : il la créa à l'image d'ELOHIM, il créa un mâle et une femelle. **28** Et ELOHIM les bénit et ELOHIM leur dit : "Portez des fruits, soyez abondants, remplissez la terre, soumettez et gouvernez les poissons de la mer, les oiseaux des Cieux et tous les êtres vivants qui se meuvent sur la terre." **29** Et ELOHIM dit : "Regarde, je t'ai donné toute plante qui porte

---

[23] Heb *'adam*, de *'adamah*, "terre", ou "terre rouge".
[35] Heb *'adamah*, d'où le terme "créature du sol" (*'adam*) est dérivé.

de la semence et qui est sur la face de toute la terre, et tout arbre dont le fruit est un arbre, de la semence ; ce sera pour toi un aliment. **30** Et à tout être vivant de la terre, à tout volant des Cieux, à tout ce qui se meut sur la terre et qui a en lui un souffle de vie, toute plante verte sera un aliment." Et il en fut ainsi.

Comme nous pouvons le voir dans Genèse 1, les êtres humains sont créés par la parole. Les mâles et les femelles sont créés simultanément. Dans le deuxième récit, le créateur façonne l'homme à partir de la terre et lui insuffle le souffle de la vie. L'homme est créé en premier, puis la femme est créée à partir de la chair prélevée sur le côté de l'homme, comme on peut le voir ci-dessous :

> **21** Et YHVH ELOHIM fit tomber un profond sommeil sur la créature du sol, et elle dormit ; et il prit un de ses flancs, et il referma de la chair sous elle. **22** Et YHVH ELOHIM fit du côté qu'il avait pris de la créature du sol une femme, et il la fit venir vers la créature du sol. **23** Et la créature du sol dit : "Celle-ci, cette fois, est l'os de mes os et la chair de ma chair. C'est à elle qu'on donnera le nom de femme, car c'est d'un homme qu'elle a été tirée."

Comme les récits de la création se concentrent sur le Créateur, la façon dont les récits présentent l'Infini est probablement la distinction la plus importante. Dans le premier récit, l'Infini est dépeint comme étant en dehors ou avant l'existence. L'Infini fait naître les choses du néant. Dans le second récit, en revanche, l'Infini est dépeint comme un personnage aux pieds sur terre qui interagit avec les humains dans le jardin comme s'il était un être incarné.

Ces deux récits de création distincts, bien que n'ayant manifestement pas la même origine, semblent avoir été montés ensemble de manière à permettre l'unification des deux tribus. Ce que je trouve particulièrement intéressant, c'est le fait que le code ne pourrait pas exister sans l'imbrication et l'édition de ces deux histoires. Je n'ai aucun moyen de déterminer avec certitude si le code était intentionnel et non un "hasard" cosmique, mais le code dépend clairement de la façon dont les histoires sont connectées. Et la façon dont le code nous est présenté dans la Genèse est exactement la même que celle dont il aurait été présenté à Jésus il y a 2 000 ans, car les textes existants remontent à peu près à l'époque de Jésus.

Les bizarreries des récits de création de la Genèse sont en effet tout à fait remarquables. Gardons-les à l'esprit à mesure que nous avançons, en prenant soin d'atténuer nos croyances et de mettre de côté les préjugés que nous pourrions avoir sur la nature de l'Infini, la relation entre l'Infini et l'humanité, et la signification du péché et de la chute.

Chapitre 8

Le miroir de la Genèse

Nous avons discuté des dangers de la religion remplacée par l'idéologie, une tendance qui semble s'intensifier avec la disparition précipitée de la religion, et peu de contrepartie pour fournir un objectif plus élevé et donner un sens à la vie. Nous devrions maintenant nous pencher sur le danger d'une croyance aveugle dans les histoires religieuses.

De nombreux croyants affirment que la Genèse est le récit historique de la Création. Ils n'acceptent pas l'idée que les récits de la Création soient métaphoriques ou sujets à interprétation. Pour maintenir cette position, ils rejettent d'emblée l'idée qu'il existe deux récits distincts et largement incompatibles dans la Genèse. Les littéralistes ne nient pas seulement les qualités poétiques de la Genèse, mais aussi l'énorme quantité d'études textuelles montrant qu'il s'agit en fait de textes différents édités ensemble.

Pour vous faire une idée du point de vue littéraliste, vous pouvez faire une recherche sur Internet pour "Catholic Answers what is the JEDP Theory" (Qu'est-ce que la théorie JEDP ?).

Si vous croyez que votre bonne réputation auprès de Dieu dépend de la perception de la sainte Bible comme étant factuelle et infaillible, alors, raisonnablement, vous n'envisageriez aucune autre perspective. Malheureusement, de telles barrières aveuglent l'esprit face à de possibles fautes, incohérences et hypocrisies du texte. Ces fautes incluent l'approbation de nombreuses idées que notre société actuelle considérerait comme odieuses, telles que l'esclavage et le génocide.

Je n'ai pas encore rencontré de croyant, y compris les fondamentalistes les plus extrêmes, qui ait approuvé l'esclavage ou le génocide. Pourquoi les juifs et les chrétiens modernes n'approuvent-ils pas l'esclavage ? Nulle part dans ces textes l'esclavage n'est décrit comme mauvais. Au contraire, de nombreux passages louent Dieu pour l'asservissement des ennemis. Le fait est que nous choisissons ce que nous croyons. Puisque nous décidons déjà quels éléments du texte sont applicables à notre vie, il serait sage de l'admettre ouvertement, afin de ne pas nous tromper nous-mêmes ou les autres.

La Bible est un livre de son temps. Elle cautionne des comportements que nous n'acceptons plus. Mais elle n'est pas que cela. La sainte Bible contient une sagesse profondément profonde, comme *le principe* que l'on trouve dans Genèse 1-3. En tant qu'êtres humains, nous avons la responsabilité de remarquer ce que dit réellement le texte, puis d'utiliser notre discernement à son sujet, en fonction de nos valeurs. Agir autrement revient à céder notre responsabilité à quelqu'un d'autre, un ou plusieurs auteurs d'il y a des milliers d'années, dans une société dont les normes et les valeurs ne sont peut-être pas compatibles avec les nôtres ou celles de notre société.

Pour un lecteur attentif et impartial, les incohérences entre Genèse 1 et 2 sont évidentes, tout comme la manière hypocrite dont Dieu est dépeint dans Genèse 3. La sainte Bible affirme qu'un Dieu omniscient et tout-puissant a créé tous les éléments et toutes les tentations qui ne manqueraient pas d'entraîner les humains dans la souffrance. Vu sous cet angle, Genèse 2-3 semble être l'équivalent brutal d'un parent qui laisse un tas de prises murales à disposition dans la chambre de son bébé, le met en garde, puis le punit s'il prend une décharge.

Avant de recevoir le code par l'expérience mystique, je me sentais incapable de voir une quelconque valeur dans le texte parce que j'étais aveuglé par mes sensibilités aux nombreuses hypocrisies et atrocités commises au nom de Dieu ou sur son ordre dans d'autres histoires bibliques. Mais après avoir vu le code, mes yeux et mon cœur se sont ouverts au livre.

D'une manière ou d'une autre, à travers ou malgré l'asservissement des juifs en Égypte, le mélange des cultures, les imbrications et les montages, et les couches d'enseignements culturels et mythologiques, le code est là. Comment a-t-il pu survivre à tout cela est un grand mystère pour moi, surtout si l'on considère la remarquable qualité de miroir de la Genèse 1-3.

Il me semble que Genèse 1-3 reflète les jugements et les préjugés du lecteur. En surface, les histoires sont fondées sur la culture, comme les récits de la Création que l'on trouve partout dans le monde, mais à un niveau plus profond, celui des principes, le message de Genèse 1-3 est universel. L'enseignement caché s'applique et peut être bénéfique à tout être humain qui y est ouvert, quels que soient son pays, son ethnie, sa culture, sa classe ou son sexe.

En raison de l'esprit biaisé des prophètes, des prêtres et des scribes qui, semble-t-il, n'avaient pas les yeux pour voir, presque toutes les écritures ultérieures mettent l'accent sur des aspects superficiels ou manifestes de la Genèse, tels que les règles culturelles, l'histoire surnaturelle et le jugement de l'humanité. Pendant des milliers d'années, la vision superficielle de ces histoires a alimenté le blâme, la honte, la culpabilité, l'arrogance, le ressentiment et la fausse humilité.

La Genèse 1-3, interprétée de manière superficielle, fournit une base spirituelle médiocre, qui a conduit à tant de malentendus et de désaccords alors que de faux enseignements se sont répandus dans le monde entier par le biais de mouvements religieux organisés. Par exemple, l'une des principales idées qui s'est répandue à la suite d'une mauvaise interprétation de la Genèse est la justification de l'objectivation de la nature. Les versets où la mauvaise interprétation a conduit à cette tendance mondiale sont bien représentés par la plupart des interprétations modernes de Genèse 1:26-28. Prenons l'exemple de la version Louis Segond [traduction française populaire la plus répandue – N.d.T.] :

> **26** Puis Dieu dit: Faisons l'homme à notre image, selon notre ressemblance, et qu'il domine sur les poissons de la mer, sur les oiseaux du ciel, sur le bétail, sur toute la terre, et sur tous les reptiles qui rampent sur la terre. **27** Dieu créa l'homme à son image, il le créa à l'image de Dieu, il créa l'homme et la femme. **28** Dieu les bénit, et Dieu leur dit : Soyez féconds, multipliez, remplissez la terre, et l'assujettissez; et dominez sur les poissons de la mer, sur les oiseaux du ciel, et sur tout animal qui se meut sur la terre.

De nombreuses sociétés justifient des actions écologiquement incorrectes en se référant à l'accent mis par ce passage sur la domination de l'humanité sur la nature. Cet état d'esprit objectivant passe à côté de l'objectif de la Genèse, qui vise à décrire l'harmonie avec toute la vie. L'état d'esprit égoïste, justifié par une mauvaise compréhension de la Genèse, provoque une disharmonie inutile dans nos vies et dans le monde.

Un peu comme si nous nous regardions dans un miroir, lorsque nous lisons la Genèse, nous avons tendance à voir ce que nous apportons avec nous. En fait, ces trois premiers chapitres peuvent être lus de deux manières très différentes. La façon dont nous les interprétons a un impact profondément différent sur notre vie et notre développement social. Nous en discuterons en profondeur plus tard. Pour l'instant, examinons ces mêmes passages à travers l'interprétation du docteur Tabor.

> **26** Et ELOHIM dit: "Faisons des créatures du sol[23] à notre image, selon notre ressemblance, et qu'elles gouvernent[24] les poissons de la mer, les oiseaux des Cieux, les animaux, toute la terre[25] et tout ce qui se meut sur la terre." **27** Et ELOHIM créa la créature du sol à son image : il la créa à l'image d'ELOHIM, il créa un mâle et une femelle. **28** Et ELOHIM les bénit et ELOHIM leur dit : "Portez des fruits, soyez abondants, remplissez la terre, soumettez et gouvernez les poissons de la mer, les oiseaux des Cieux et tous les êtres vivants qui se meuvent sur la terre."

La traduction du docteur Tabor met l'accent sur la gouvernance et est beaucoup plus conforme au but déclaré de Dieu pour la création d'Adam et Ève, comme on peut le voir dans Genèse 2:15 : **15** Et YHVH ELOHIM prit la créature du sol et la fit reposer dans le jardin d'Éden, pour la servir et la garder.

---

[23] Heb *'adam*, de *'adamah*, "terre", ou "terre rouge".
[24] Signifie "envers" ici et aussi au v. 28.
[25] Syriac "sur tous les animaux de la terre".

Pour soumettre, servir, garder et gouverner. Ces directives sont parfaitement alignées avec le jardinage, le processus consistant à prendre ce qui serait autrement excessivement chaotique et à créer un ordre harmonieux dans le but de préserver la santé de la terre et de ses habitants. Fondamentalement, la Genèse demande aux êtres humains de communier avec la nature en dirigeant et en récoltant correctement. C'est également le sentiment général des peuples indigènes du monde entier. Et pourquoi ne serait-ce pas le cas ? Après tout, les anciens Hébreux étaient des tribus comme les autres, vivant en harmonie avec la Terre.

À une époque relativement récente de l'existence humaine, de nombreuses sociétés humaines ont perdu le sens de leur relation avec la terre et avec l'Infini. En conséquence, beaucoup d'entre nous ont vécu comme des parasites sur la planète. Cette façon parasitaire de vivre ne peut jamais être vraiment satisfaisante, car elle n'est pas en accord avec notre nature.

Depuis trop longtemps, nous considérons que la planète existe pour que nous l'utilisions à nos propres fins. Nous ne pouvons plus fermer les yeux sur nos erreurs, car la nature commence à nous montrer les conséquences de l'objectivation. L'idée que la Terre, sa flore, sa faune, ses minéraux, etc., ne sont que des ressources à utiliser et à jeter commence à nous faire mal. La douleur peut servir à nous réveiller du rêve de la séparation.

En fait, nous nous sommes tellement habitués à l'objectivation que nous nous l'infligeons sans même nous en rendre compte. Dans notre propre esprit, nous sommes devenus un peu plus que des marchandises. Si vous ne le voyez pas encore, lorsque vous reconnaîtrez le code et la façon dont il fonctionne dans votre vie, vous ne pourrez peut-être plus l'ignorer.

Si l'humanité tenait compte de l'enseignement caché de la Genèse, *le principe*, alors les individus et les sociétés pourraient être beaucoup moins friands de blâme, de honte, de culpabilité, d'arrogance, de ressentiment et de fausse humilité. En conséquence, nous pourrions plus facilement trouver un équilibre entre nous et avec notre environnement et ainsi vivre des vies plus inspirées et plus significatives en communion avec *tout ce qui est*.

L'idée athée courante selon laquelle la sainte Bible n'est qu'un artefact d'un peuple ignorant commence à faire défaut lorsque nous voyons la cohérence du code. Sur la base du principe intégré, qui démontre la véritable cause de la souffrance psychologique et spirituelle, ainsi que le chemin vers l'harmonie, je ne suis pas sûr que nous devions être si prompts à rejeter le texte.

Quant à savoir comment *le principe* est arrivé là, je reste sur la touche. Il me semble que soit *le principe* a été intentionnellement dissimulé, peut-être pour protéger un secret, soit il est arrivé là grâce au génie involontaire qui brille parfois chez les personnes créatives. Pour moi, l'un ou l'autre cas est époustouflant et tout aussi magnifique.

J'aimerais penser que le code a été inséré dans le texte afin de préserver pour la postérité un secret qui devait être protégé des personnes hostiles aux enseignements de l'époque. Nous pouvons rapprocher cette idée de l'explication de Jésus selon laquelle il cache intentionnellement la vérité aux masses. Pourquoi ferait-il cela, on peut se le demander ? Peut-être Jésus essayait-il d'éviter la persécution. Rappelez-vous : Jésus a été crucifié pour blasphème. Pourquoi devrions-nous supposer que la classe sacerdotale de l'époque était plus tolérante ? Peut-être aurez-vous une hypothèse différente après avoir vu le code. C'est parti !

Partie 3

Le Code

Dans la Partie 2, nous nous sommes familiarisés avec les points communs des mythologies de la Création, ce qui nous a fourni une lentille comparative à travers laquelle nous pouvions regarder Genèse 1-3. Nous avons ensuite appris les bizarreries de la Genèse nées de l'imbrication de deux mythologies distinctes. Enfin, nous avons appris les pièges de la croyance aveugle en la religion et l'idéologie. Ce que nous avons appris a contribué à préparer notre regard à voir le code.

Dans la Partie 3, qui comprend quatre chapitres, nous explorons les trois perspectives de la Genèse qui constituent le code.

Le chapitre 9 explore la perspective de l'Infini désincarné, appelé ELOHIM dans Genèse 1. Ce chapitre démontre l'attitude fondamentale de l'harmonie.

Le chapitre 10 introduit la perspective de l'Infini incarné, appelé YHVH ELOHIM, tel que décrit dans Genèse 2. Ce chapitre démontre une psychologie saine et fondamentale pour les êtres humains.

Le chapitre 11 se concentre sur Genèse 3 et sur la perspective de la disharmonie qui résulte naturellement lorsque l'Infini incarné oublie sa nature infinie et se laisse absorber par son identité basée sur la forme.

Enfin, le chapitre 12 dévoile les couches du code et montre comment *le principe* correspond à l'expérience humaine à travers l'évolution et le processus de développement de l'enfance, ainsi qu'à travers les expériences révélatrices de la prière et de la méditation.

À tous points de vue, la sainte Bible a été lue par plus de personnes que tous les autres livres. Malgré les défauts évoqués ci-dessus, des milliards de personnes dans le monde entier estiment qu'une immense valeur spirituelle réside dans ce texte. Nos esprits conscients ne sont peut-être pas encore capables d'exprimer pleinement la nature précise de l'offre du texte, mais une fois que vous aurez perçu et intégré *le principe* dans votre vie, vous serez bien plus à même de le faire.

La Genèse a été lue par des milliards de personnes à travers les âges. Quiconque a lu Genèse 1-3 a vu le code, mais pendant tout ce temps, il semble qu'il soit passé inaperçu. Plus maintenant ! Une fois que vous l'aurez *vu*, vous ne pourrez plus l'*oublier*.

Ce code est simple, élégant et pratique. Une fois que vous aurez mis le code en pratique dans votre vie quotidienne, il commencera à démêler les couches de disharmonie et de confusion intérieures. Vous ne vous regarderez plus jamais de la même façon, ni ne regarderez la vie de la même façon. Votre relation avec tout va changer.

Chapitre 9

Le Dieu infini

L'Infini désincarné

Comme nous l'avons vu au chapitre 7, deux récits de création des tribus de Juda et des Israélites ont été imbriqués dans Genèse 1-3. Au sein des mythologies imbriquées, nous pouvons observer trois perspectives principales : l'Infini désincarné, l'Infini incarné et l'Infini égocentrique. Ces trois perspectives disparates constituent le fondement du code.

La première perspective se trouve dans Genèse 1, lorsque l'Infini "parle" à l'Univers pour le faire exister. Veuillez lire le texte complet de Genèse 1 ci-dessous et notez le <u>texte souligné</u>, qui représente le surlignage jaune, pertinent pour ce chapitre, que j'ai vu comme le code lorsqu'il m'a été présenté dans mon état visionnaire. Une fois que nous aurons vu le texte souligné dans le contexte du chapitre, nous décomposerons la signification de ces phrases pour établir une compréhension fondamentale du *principe*.

(Bere'sheet)

Chapitre **1:1** Au commencement[2] d'ᶠELOHIM[3] créant les cieux et la terre – **2** et la terre était désolation et vide ; et les ténèbres *étaient* sur *la* faceᴾ de *l'*abîme, et l'esprit d'ELOHIM planait sur la faceᴾ des eaux – **3** et ELOHIM dit : "Que la lumière soit" ; et la lumière fut. **4** <u>Et ELOHIM vit la lumière, et *elle était* bonne ;</u> et ELOHIM sépara la lumière et les ténèbres. **5** Et ELOHIM appela la lumière "jour", et il appela les ténèbres "nuit". Et il y eut un soir, et il y eut un matin – le premier jour.

6 Et ELOHIM dit : "Qu'il y ait une étendue au milieu des eaux, et qu'il y ait une séparation d'eau à eau. "**7** Et ELOHIM fit l'étendue, et il sépara les eaux qui *étaient* au-dessous de l'étendue, et les eaux qui *étaient* au-dessus de l'étendue. Et il en fut ainsi. **8** Et ELOHIM appela l'étendue "Cieux". **9** Et il y eut un soir et il y eut un matin, un deuxième jour. Et ELOHIM dit : "Que les eaux qui sont sous les Cieux se rassemblent en un seul lieu, et que l'on voie la *terre* sèche. "Et il en fut ainsi. **10** Et ELOHIM appeal la *terre* sèche "terre", et il appela le rassemblement des eaux "mers". <u>Et ELOHIM vit que *cela était* bon.</u> **11** Et ELOHIM dit : "Que la terre fasse germerᶜ *la* pousse, la plante qui sème, l'arbre fruitier qui fructifie, selon son type, sa semence, en elle, sur la terre". Et il en fut ainsi. **12**

---

[2] Lit "A *la* tête de", Heb Bere'sheet cette construction grammaticale est une phrase temporelle signifiant, Quand d'abord...", voir Jer 26:1 où la même forme se produit. Elle présente "l'état des choses" lorsque l'activité créatrice commence.

[3] ELOHIM est un nom pluriel, mais fonctionne souvent comme un singulier collectif, prenant un verbe singulier. Il est lié aux termes hébreux : *"eloah"* et *"el"* , qui signifient Dieu, dieu, puissance ou puissant, et peut signer des juges et des dirigeants, des êtres célestes, les dieux des nations ou le Dieu unique d'Israël.

Et la terre fit germer *le* germe, une ᶜplante semant de la graine selon son type, et un arbre fructifiant, sa graine, en son sein, selon son type. <u>Et ELOHIM vit que *cela était* bon.</u> **13** Ainsi, il y eut un soir, et il y eut un matin: ce fut le troisième jour.

14 Et ELOHIM dit : "Qu'il y ait des luminaires dans l'étendue des Cieux, pour séparer le jour d'avec la nuit; que ce soient des signes pour marquer les époques, les jours et les années; **15** et qu'ils servent de luminaires dans l'étendue des Cieux, pour éclairer la terre. "Et cela fut ainsi. **16** Et ELOHIM fit les deux grands luminaires, le plus grand luminaire pour présider au jour, et le plus petit luminaire pour présider à la nuit; il fit aussi les étoiles. **17** Et ELOHIM les plaça dans l'étendue des Cieux, pour éclairer la terre, **18** pour présider au jour et à la nuit, et pour séparer la lumière d'avec les ténèbres. <u>Et ELOHIM vit que *cela était* bon.</u> **19** Ainsi, il y eut un soir, et il y eut un matin: ce fut le quatrième jour.

20 Et ELOHIM dit : "Que les eaux produisent en abondance des animaux vivants, et que des oiseaux volent sur la terre vers l'étendue des Cieux." **21** Et ELOHIM créa les grands poissons et tous les animaux vivants qui se meuvent, et que les eaux produisirent en abondance selon leur espèce; il créa aussi tout oiseau ailé selon son espèce. <u>Et ELOHIM vit que *cela était* bon.</u> **22** ELOHIM les bénit, en disant: "Soyez féconds, multipliez, et remplissez les eaux des mers; et que le volant se multiplie sur la terre." **23** Ainsi, il y eut un soir, et il y eut un matin: ce fut le cinquième jour.

24 Et ELOHIM dit : "Que la terre produise des animaux vivants selon leur espèce, du bétail, des reptiles et des animaux du sols, selon leur espèce." Et cela fut ainsi. **25** Et

ELOHIM fit les choses vivantes de la terre selon leur espèce, l'animal selon son espèce, et tous les choses qui se meuvent sur la terre selon leur espèce. <u>Et ELOHIM vit que *cela était* bon.</u> **26** Et ELOHIM dit : "Faisons des créatures du sol à notre image, selon notre ressemblance, et qu'elles gouvernent les poissons de la mer, les oiseaux des cieux, les animaux, toute la terre et tout ce qui se meut sur la terre." **27** Et ELOHIM créa la créature du sol à son image : il la créa à l'image d'ELOHIM, il créa un mâle et une femelle. **28** Et ELOHIM les bénit et ELOHIM leur dit : "Portez des fruits, soyez abondants, remplissez la terre, soumettez et gouvernez les poissons de la mer, les oiseaux des Cieux et tous les êtres vivants qui se meuvent sur la terre." **29** Et ELOHIM dit : Voici, je vous donne toute herbe portant de la semence et qui est à la surface de toute la terre, et tout arbre ayant en lui du fruit d'arbre et portant de la semence: ce sera votre nourriture. **30** Et à tout être vivant de le terre, à tout volant des Cieux, à tout ce qui se meut sur la terre et qui a en lui un souffle de vie, toute plante verte sera un aliment." Et il en fut ainsi. <u>**31** Et ELOHIM vit tout ce qu'il avait fait, et voici ! – C'*était* extrêmement bon.</u> Et ce fut un soir et ce fut un matin, le sixième jour.

Le code, tel qu'il m'a été montré, est entièrement une question d'attitude et de perspective, et non de culture, de lois sociétales, de l'ordre des choses et des êtres créés, ou du nombre de jours qu'il a fallu pour créer la Terre. En prêtant attention à l'attitude et à la perspective, passons en revue le code tel qu'il est mis en évidence dans l'expérience mystique.

En regardant le texte souligné, nous voyons qu'il s'agit d'une expression répétée et parfois légèrement modifiée de "Et ELOHIM vit que *cela était* bon". Vous remarquerez que nulle part dans Genèse 1 on ne trouve autre chose que des louanges pour le bien de la création.

La parfaite cohérence de l'attitude reflète la nature de l'Infini ; il est donc sage d'y prêter attention. La question est de savoir ce que l'Infini entend par *"bon"*.

Pour trouver la définition du *bien*, il faut d'abord considérer comment les êtres humains le définissent : un reflet de tout ce qui est en accord avec nos valeurs, nos objectifs et ou notre confort, ce qui est agréable. Merriam-Webster définit le bien comme suit :

1 : les choses agréables qui arrivent aux gens

2 : les choses qui sont moralement appropriées ou correctes.

Ces définitions nous montrent que le *bien*, tel qu'il est défini par les humains, est hautement subjectif. Nous définissons le bien en opposition à ce que nous supposons être mauvais. Le *bien* de l'Infini est-il également subjectif et comparatif ? Est-il de nature morale ?

Du point de vue de l'Infini, il n'y en a point d'autre, ce qui signifie que l'Infini ne voit pas l'Univers comme quelque chose d'autre que lui-même, comme le laisse entendre Genèse 1. Par conséquent, nous pouvons en déduire que le *bien*, dans ce cas, est tout ce qui est en alignement avec l'Infini, c'est-à-dire tout ce qui se reflète. Le *bien* infini est ce qui est synonyme d'infini. En gardant à l'esprit la définition infinie du *bien*, la phrase "Et ELOHIM vit que c'était bon" signifie "Et ELOHIM vit que c'était ELOHIM", ou "Et Dieu vit que c'était Dieu".

La louange d'ELOHIM est répétée 7 fois dans Genèse 1, ce qui souligne à quel point la perspective de l'unicité et de la louange est fondamentale.

Avant d'approfondir les phrases soulignées, remarquez également le mot en italique, *était*. Le Guide du lecteur du livre du docteur Tabor explique la signification de l'italique de la manière suivante: "Le caractère *italique* indique les mots qui **ne** figurent **pas** dans l'hébreu mais qui sont fournis pour un style [...] plus fluide."

Dans la phrase "Et ELOHIM vit que *cela était* bon", le choix "*était*" évoque l'idée que l'opinion d'ELOHIM sur la création pourrait changer, alors que cela ne peut être le cas, car l'Infini ne voit rien d'autre que lui-même.

Pour éviter ce piège de sens et pour compléter la phrase comme les lecteurs l'attendent à juste titre, il serait préférable d'utiliser le verbe au present: *est* au lieu de *était*. Ce choix de mots permet de saisir la perspective omniprésente de l'Infini : "Il n'y en a point d'autre". *Point d'autre* est *le principe*, indiqué par Genèse 1.

J'espère que les lecteurs rafraîchiront le texte dans leur esprit, en se rappelant que la création est un témoignage et une louange toujours présents dans l'instant ; une révélation qui a toujours été et sera toujours – le Témoin. Pour nous aider à nous concentrer plus clairement sur cette perspective, j'ai révisé ci-dessous toutes les phrases de louange afin qu'elles reflètent le présent. Pour commencer à ressentir la perspective de l'Infini pendant votre lecture, vous devrez vous détendre et ressentir profondément votre corps tout entier.

J'énumère ci-dessous chaque exemple de louange que l'on trouve dans Genèse 1, mais au présent et en tant que révélation d'une création potentielle plutôt que définitive. Pour nous aider dans cette entreprise, j'ai supprimé le langage sexué pour Dieu, qui est une règle grammaticale hébraïque inutile qui nous induit en erreur sur la nature de l'Infini. L'Infini désincarné n'est pas spécifiquement masculin ou féminin.

Avant chaque louange, j'indique la cible de la louange. Veuillez prendre un moment pour visualiser la cible de chaque louange, puis lisez à haute voix la louange en ressentant les vibrations des mots lorsqu'ils sont prononcés en direction de la cible visée.

1. Lumière – "Et Dieu voit la lumière, que *c'est* Dieu"
2. Terre et mers – "Et Dieu voit que *c'est* Dieu"
3. Plantes et arbres – "Et Dieu voit que *c'est* Dieu"
4. Soleil, lune, étoiles – "Et Dieu voit que *c'est* Dieu"
5. Créatures aquatiques et volantes – "Et Dieu voit que *c'est* Dieu"
6. Créatures du sol – "Et Dieu voit que *c'est* Dieu"
7. Tout ce qui est – "Et Dieu voit tout ce qui est, et regardez ! -... *c'est* Dieu tout entier."

L'esprit ne peut pas comprendre pleinement la nature sans faille de l'Infini, car le paramètre par défaut de l'esprit est de catégoriser les choses pour une compréhension fonctionnelle. L'Infini ne peut pas être compris, mais il *peut* être ressenti. Pour obtenir le meilleur effet, n'intellectualisez pas pour l'instant ; visualisez et ressentez simplement votre corps lorsque vous prononcez les mots avec intention. Les mots sans la visualisation et la sensation ne nous mèneront jamais au but.

Comme nous pouvons le voir dans le texte, l'Infini loue tout. En ce qui concerne les êtres humains, ELOHIM a dit : "Faisons des créature du sol à notre image, selon notre ressemblance".

Selon Genèse 1, vous êtes l'image et la ressemblance de Dieu. En gardant cela à l'esprit, regardez dans le miroir et, tout en pal pant votre corps tout entier, répétez et ressentez : " Et Dieu voit que je suis Dieu. "

La pratique et quelques étirements légers pour relâcher les tensions aideront à résoudre les jugements inutiles et les sentiments de séparation contenus dans le subconscient.

Maintenant, regardez autour de vous. À tous ceux et à toutes les choses que vous voyez, répétez avec émotion : " Et Dieu voit que c'est complètement, parfaitement Dieu. "

Note : la dernière phrase citée ainsi que les phrases numérotées sont mes propres formulations basées sur le principe de Genèse 1.

Chapitre 10

Dieu incarné

L'Infini personnifié

Genèse 2 commence par l'imbrication utilisée pour fusionner deux récits de Création distincts. Vous vous souvenez peut-être que nous avons présenté les preuves de cette fusion au chapitre 7. L'imbrication va de Genèse 2.1 à 2.3. Pour vérifier que Genèse 2.4 est le début de l'histoire tel que prévu dans le texte original, vous remarquerez qu'à travers les 53 chapitres de la Genèse, il y a des démarcations spéciales au début des récits, qui utilisent toutes la même phrase, "Voici les origines de". Le contenu qui se rapporte à ce chapitre ne commence pas avant Genèse 2:4, où la deuxième mythologie du Créateur commence. Vous pouvez voir la coupure ici :

Chapitre **2:1** les Cieux et la terre et toute leur compagnie furent achevés. **2** Et ELOHIM acheva au septième jour son œuvre qu'il avait faite, et il cessa au septième jour toute son œuvre qu'il avait faite. **3** Et ELOHIM bénit le septième jour, et il le mit à part, parce qu'il cessa au septième jour toute son œuvre qu'ELOHIM avait créée.

4 *Voici* les origines des Cieux et de la terre[31], au moment de leur création.

L'Infini ne se repose pas, car il ne se fatigue pas. Il apporte continuellement, joyeusement et sans effort son image dans la louange. Le repos est pour l'Infini incarné, pas pour l'Infini désincarné. Le repos est nécessaire pour maintenir la santé du corps, mais l'enseignement du repos n'est pas le code. Cette coupure nous amène à l'objet de ce chapitre, Genèse 2.

Genèse 2 représente la perspective des "enfants de Dieu", c'est-à-dire l'Infini tel qu'il s'exprime à travers l'expérience des êtres humains. Bien qu'il existe des différences de perspective entre l'expression incarnée de l'Infini et l'Infini désincarné, nous voulons rester attentifs à une ligne de fond importante. Cette ligne de fond est le code. Veuillez consulter le texte souligné dans Genèse 2 pour le code.

4 *Voici* les origines des cieux et de la terre[31], au moment de leur création.

L'Infini ne se repose pas, car il ne se fatigue pas. Il apporte continuellement, joyeusement et sans effort son image dans la louange. Le repos est pour l'Infini incarné, pas pour l'Infini désincarné. Le repos est nécessaire pour maintenir la santé du

---

[31] La Genèse comporte dix divisions. Toutes commencent avec la phrase "*Voici* les origines..." et elles sont indiquées en gras dans la traduction.

corps, mais l'enseignement du repos n'est pas le code. Cette coupure nous amène à l'objet de ce chapitre, Genèse 2.

Genèse 2 représente la perspective des "enfants de Dieu", c'est-à-dire l'Infini tel qu'il s'exprime à travers l'expérience des êtres humains. Bien qu'il existe des différences de perspective entre l'expression incarnée de l'Infini et l'Infini désincarné, nous voulons rester attentifs à une ligne de fond importante. Cette ligne de fond est le code. Veuillez consulter le texte souligné dans Genèse 2 pour le code.

4 *Voici* **les origines des cieux et de la terre, au moment de leur création.** *Au* jour de la création de YHVH[33] ELOHIM, la terre et les cieux, **5** et aucun arbuste des champs ne fut auparavant sur la terre, et aucune plante des champs n'avait auparavant germé, car YHVH ELOHIM n'avait pas fait pleu voir[c] sur la terre, <u>et il n'y *avait* pas de créature du sol pour entretenir le sol</u> ; **6** et un flux montait de la terre, et il abreuvait [c]toute la surface[P] du sol – **7** <u>et YHVH ELOHIM façonna la créature du sol, de la poussière du sol, et il souffla dans ses deux narines un souffle de vie[P] ; et la créature du sol devint un être vivant qui respirait la vie.</u> **8** Et YHVH ELOHIM planta un Jardin en Éden,[38] à l'orient, et il y plaça la créature du sol qu'il avait façonnée. **9** <u>Et YHVH ELOHIM fit germer[c] du sol tout arbre agréable à voir et bon à *manger*, et l'arbre de vie[P] au milieu du jardin, et l'arbre de la connaissance du bien et du mal.</u> **10** Et un fleuve sort d'Éden pour abreuver[c] le jardin, et de là il se sépare et

---

[33] Nom du Dieu d'Israël יהוה (Tetragrammaton), traditionnellement Yahveh , ou Yehovah ; traduit "Seigneur" dans la plupart des versions françaises mais laissé ici comme quatre lettres sans voyelles.

[38] Nom d'un lieu ou d'une région, signifiant "plaisir" ou "félicité".

devient quatre têtes. **11** Le nom de l'un *est* Pishon ; il parcourt tout le pays de la Havila, où il *y a de l'*or[d], **12** et l'or de ce pays *est* pur ; on y *trouve le* bdellium et la pierre d'onyx. **13** Et le nom du second fleuve *est* Gihon ; il entoure tout le pays de Cush. **14** Et le nom du troisième fleuve *est* Hiddékel ; *c'est* celui qui marche à l'est de l'Assyrie. Et le quatrième fleuve, *c'est l'*Euphrate. **15** Et YHVH ELOHIM prit la créature du sol et la fit reposer[c] dans le Jardin d'Éden, pour la servir et la garder. **16** Et YHVH ELOHIM *imposa* à la créature du sol de dire : "De tout arbre du jardin, tu mangeras, tu mangeras *pour sûr* ![44] **17** <u>Et de l'arbre de la connaissance du bien et du mal, tu n'en mangeras pas, car</u> <u>*le* jour où tu en mangeras, tu mourras *pour sûr* !</u>"[45] **18** Et YHVH ELOHIM dit : "<u>Pas bon, que l'homme du sol soit</u> <u>seul</u>, je lui ferai une aide, semblable à *lui*. "**19** Et YHVH ELOHIM forma du sol tout être vivant des champs et tout oiseau des Cieux, et il s'approcha [c]de l'être vivant du sol pour voir ce qu'il appellerait ; et ce que l'être vivant du sol appellerait, tout être vivant, ce *serait* son nom. **20** Et la créature du sol appela des noms à tout animal, et au voleur des cieux, et à tout être vivant des champs ; et à la *créature du sol* il ne trouva pas d'aide, comme son *aide d'*avant. **21** Et YHVH ELOHIM fit tomber un profond sommeil[c] sur la créature du sol, et elle dormit ; et il prit un de ses flancs, et il referma de la chair sous elle. **22** Et YHVH ELOHIM fit du côté qu'il avait pris de la créature du sol une femme, et il la fit venir[c] vers la créature du sol. **23** Et la créature du sol dit : "Celle-ci, cette fois, est l'os de mes os et la chair de ma chair. C'est à elle qu'on donnera le nom de femme, car c'est d'un

---

[44] Le double emploi du verbe indique l'accentuation.
[45] Le double emploi du verbe indique l'accentuation.

homme qu'elle a été tirée." **24** C'est pourquoi l'homme quittera son père et sa mère, et s'unira à sa femme, et ils deviendront une seule chair. **25** <u>Et ils étaient tous *deux* nus, l'homme de la terre et sa femme, et ils n'avaient pas honte.</u>

Après avoir lu l'ensemble du passage, examinons-le et réfléchissons. La première phrase soulignée est la suivante :

il n'y *avait* pas de créature du sol pour entretenir le sol.

Cette phrase identifie le but de l'humanité. Nous pouvons constater que ce même mandat était exprimé dans Genèse 1 :

qu'ils gouvernent les poissons de la mer, les oiseaux des Cieux, les animaux, toute la terre, et tout ce qui se déplace sur la terre.

Juste après que l'Infini ait créé les humains dans Genèse 1, il répète le mandat de l'homme, qui est de gouverner toute chose vivante. Le mandat n'est pas de prendre, mais de prendre soin, ce que vous pouvez clairement voir dans le passage ci-dessous :

d'assujettir et de gouverner les poissons de la mer, les oiseaux des Cieux et tous les êtres vivants qui se déplacent sur la terre.

Examinons maintenant comment la créature du sol, connue sous le nom d'Adam, a été créée dans Genèse 2 pour voir ce qu'il peut y avoir de précieux.

YHVH ELOHIM façonna la créature du sol, de la poussière du sol, et il souffla dans ses deux narines un souffle de vie ;

et la créature du sol devint un être vivant qui respirait la vie.

Regardez votre corps, son caractère naturel. Pouvez-vous trouver quelque chose qui ne soit pas de la Terre ? Nous sommes de la terre et de l'air de part en part. Et les atomes qui composent notre corps et la Terre sont entièrement issus des étoiles. Les étoiles, comme toute chose, représentent le corps de l'Infini. Tout ce que nous voyons, entendons, sentons, goûtons, touchons, ressentons ou pensons est une révélation sans faille de l'Infini. Rappelez-vous, dans la Genèse 1, ELOHIM "créa la créature du sol à son image : il le créa à l'image d'ELOHIM, il créa un homme et une femme".

Nous, les humains, sommes l'image et la ressemblance de l'Infini parce que le sol est l'image et la ressemblance de l'Infini, tout comme l'air que nous respirons, la planète, le système solaire, la galaxie et l'Univers tout entier. Tout cela, vous tous, est le corps de l'Infini. Il n'y a rien que vous puissiez montrer du doigt ou auquel vous puissiez penser, aussi éloigné de l'Infini que vous puissiez le juger, qui ne soit pas le Témoin que nous avons exploré au chapitre 3.

Vous pourriez considérer ces personnes qui ont malicieusement causé le massacre et la famine de dizaines ou de centaines de millions de personnes, comme Joseph Staline, Adolf Hitler ou Mao Zedong, et ressentir alors un doute sur le fait que tout soit l'Infini, tout soit bon selon sa perspective. Comment ces personnes pourraient-elles représenter l'Infini ? Cette question est directement liée à l'avertissement donné à Adam dans Genèse 2, de ne pas manger de l'arbre de la connaissance du bien et du mal.

Et de l'arbre de la connaissance du bien et du mal, tu ne mangeras pas, car le jour où tu en mangeras, tu mourras pour sûr !

Vous vous demandez peut-être à quoi rime cet avertissement ? Qu'est-ce que l'arbre de la connaissance du bien et du mal ? La dysharmonie et l'arbre de la connaissance du bien et du mal sont des sujets connexes que l'on retrouve dans Genèse 3, que nous aborderons dans le prochain chapitre. Pour l'instant, continuons avec Genèse 2.

Dans la phrase suivante de Genèse 2, nous pouvons voir la première référence à quelque chose qui *n'est pas bon*.

Et YHVH ELOHIM dit : "Pas bon, que l'homme du sol soit seul, je lui ferai une aide semblable à lui."

Pas bon n'est-il pas la même chose que *mauvais* ? Dans ce cas, "pas bon" signifie simplement "incomplet". Essentiellement, l'Infini dit qu'il faut en faire plus pour refléter la nature équilibrée de l'Infini. *Pas bon*, dans ce cas, ne signifie pas *mauvais* ou *maléfique*. Je l'ai souligné pour que le *"pas bon"* ne vous fasse pas dévier de la piste de notre discussion.

Le fait que l'histoire inverse les rôles des hommes et des femmes en ce qui concerne la création – Ève étant créée à partir d'Adam – ressemble davantage à un enseignement culturel destiné à renforcer une société patriarcale. Cet aspect de l'histoire ne reflète pas le code.

Cela nous amène à la dernière partie du code trouvé dans Genèse 2 :

> Et tous les *deux* étaient nus, l'homme du sol et sa femme, et ils n'avaient pas honte.

Si vous avez déjà côtoyé de jeunes enfants, sachez qu'ils peuvent, comme Adam et Ève, se promener nus sans la moindre gêne. Si vous regardez votre vie, pouvez-vous vous rappeler quand vous avez perdu cet état d'innocence ? Quel âge aviez-vous ?

Vous voyez, Adam et Ève, ici, sont au stade de l'innocence comme celui des jeunes enfants. Ils n'ont pas de voix intérieure qui leur dit ce que les autres vont penser d'eux. Ils n'ont pas de voix intérieure qui mesure leur valeur personnelle ou la valeur des autres. L'esprit innocent décrit dans Genèse 2 est un élément central du code.

Le point clé à retenir de ce chapitre est l'acte pur de prendre soin de soi qui est le mandat de l'Infini incarné – Adam et Ève. Tant qu'ils sont dans le flux de la prise en charge, ils ressentent clairement l'harmonie de l'Infini dans leur vie.

Pensez à votre vie. Y a-t-il quelque chose que vous faites ou avez fait qui ressemble à une véritable prise en charge ? Ce serait un acte de service, fait avec amour, qui ne vous rapporte rien au niveau de l'ego. Ce que nous indiquons est une communion où tout le monde est servi, y compris vous, sans un sentiment d'égocentrisme ou de codépendance concernant le service. Quoi que vous fassiez qui corresponde à cette définition, c'est une activité qui est en alignement avec votre nature la plus vraie, l'Infini en vous. Quelle que soit cette activité, elle profite à tout et à toute chose d'une certaine manière. Vous pourriez vous permettre d'en faire plus.

Les activités artistiques, créatives et inspirantes sont à ranger dans la catégorie des soins, car elles nourrissent l'âme. Ce sont des soins, tant que vous y participez innocemment, joyeusement, de tout votre être, et que vous les partagez avec un cœur ouvert, sans vous soucier de la façon dont vous pourriez être jugé. Il n'y a pas de problème à devenir célèbre ou à accepter de l'argent pour les produits de ces activités nourrissantes, tant que la réputation et la richesse ne sont pas les principales motivations.

Chapitre 11

Le serpent
L'Infini égocentrique

Depuis des milliers d'années, le serpent de l'Éden est considéré comme l'ennemi de Dieu, l'élément perturbateur. Bien que cela ne soit jamais directement mentionné dans Genèse 1-3 ou ailleurs dans la Bible hébraïque, le serpent est considéré comme l'essence du mal – Satan. Comment Satan a-t-il été associé au serpent de l'Éden ?

Il n'y a aucune référence à Satan en tant que nom personnel dans l'hébreu original ; au lieu de cela, Satan est écrit comme *"le satan"*. Cependant, les traductions françaises modernes présentent faussement ce terme comme un nom personnel. Pour corriger ce problème, je m'en tiendrai à la présentation originale, *le satan*, dans mon commentaire.

Le terme *satan* signifie simplement "accusateur", "adversaire" ou "s'opposer". Ce terme peut s'appliquer à tout adversaire, accusateur ou opposant, y compris les êtres humains, mais il est également associé aux forces angéliques dites "envoyées" par Dieu.

La première référence de ce type dans la Bible hébraïque se trouve dans Nombres 22:22. Là, *le satan* est utilisé comme un verbe signifiant s'opposer :

> **22** La colère de Dieu s'enflamma, parce qu'il était parti; et l'ange de l'Éternel se plaça sur le chemin, pour lui résister. Balaam était monté sur son ânesse, et ses deux serviteurs étaient avec lui.

Toute personne se tenant sur la route et visant à s'opposer à Balaam aurait été décrite comme *le satan*, l'opposition. Cette utilisation du terme *satan* n'implique aucunement le mal. Tout ce qui fait obstacle à votre objectif pourrait être décrit comme *le satan* en hébreu ancien.

Une autre référence à *satan* se trouve dans 1 Rois 22. Le prophète Michée partage une vision de Dieu au roi Achab qui décrit un ange envoyé pour tromper, sataner, le prophète d'Achab :

> **19** Et Michée dit: Écoute donc la parole de l'Éternel! J'ai vu l'Éternel assis sur son trône, et toute l'armée des cieux se tenant auprès de lui, à sa droite et à sa gauche. **20** Et l'Éternel dit: Qui séduira Achab, pour qu'il monte à Ramoth en Galaad et qu'il y périsse? Ils répondirent l'un d'une manière, l'autre d'une autre. **21** Et un esprit vint se présenter devant l'Éternel, et dit: Moi, je le séduirai. **22** L'Éternel lui dit: Comment? Je sortirai, répondit-il, et je

serai un esprit de mensonge [tromperie] dans la bouche de tous ses prophètes. L'Éternel dit: Tu le séduiras, et tu en viendras à bout; sors, et fais ainsi!

Une autre apparition du *satan* se produit dans le livre de Job. En hébreu ancien, *satan* ne représente pas le nom personnel d'un ange, mais plutôt une description de sa tâche : dans ce cas, agir comme l'adversaire de Job à la demande de Dieu. Dans les traductions bibliques modernes, cependant, le *satan* est présenté comme un nom personnel en mettant la première lettre en majuscule pour obtenir "Satan".

Job 1:6-8 décrit les "fils de Dieu" se présentant devant le Tout-Puissant. Les fils de Dieu sont considérés comme des manifestations angéliques de Dieu dont fait partie *Satan*. On pourrait considérer cela comme une forme d'hénothéisme, les anges, dont les noms se terminent par "el", étant des aspects ou des manifestations d'ELOHIM, comme nous l'avons vu au chapitre 5.

> **6** Or, les fils de Dieu vinrent un jour se présenter devant l'Éternel, et Satan vint aussi au milieu d'eux. **7** L'Éternel dit à Satan: D'où viens-tu? Et Satan répondit à l'Éternel: De parcourir la terre et de m'y promener. **8** L'Éternel dit à Satan: As-tu remarqué mon serviteur Job? Il n'y a personne comme lui sur la terre; c'est un homme intègre et droit, craignant Dieu, et se détournant du mal.

Le satan suggère que la foi de Job n'est pas si forte et qu'il maudira Dieu dès que les choses commenceront à aller mal. Dieu envoie alors *Satan* pour mettre Job à l'épreuve en disant : "Très bien, tout ce qu'il a est en ton pouvoir, mais sur l'homme lui-même, ne pose pas le doigt".

Dans le livre de Job, nous recevons non seulement la notion que *le satan* est un ange, mais aussi que le *satan* est un tentateur et un adversaire de l'humanité. Ce qui semble nous échapper, c'est que *le satan* est un "fils de Dieu", une manifestation qui agit selon la nature de Dieu. *Le satan*, selon la Bible hébraïque, ne travaille pas réellement contre Dieu, même si cela semble être le cas à première vue. Ce serait le cas même si *le satan* croyait s'opposer à Dieu. Rien n'est en dehors ou en véritable opposition à l'Infini, car il n'y a rien d'autre qui puisse s'opposer à l'Infini.

Alors comment l'idée que *le satan* travaille pour l'Infini s'inscrit-elle dans le *principe* codé de la Genèse ? La Genèse 3, dans son intégralité, traite de la conscience de soi, de l'égocentrisme et de ses conséquences, à savoir l'arrogance, la honte, le blâme, la culpabilité et la tromperie. La Genèse 3 peut être comprise comme étant entièrement la perspective du trompeur, *le satan*, qui a perdu sa conscience de l'unité avec l'Infini à travers le rêve de l'égocentrisme. Le *satan* de Genèse 3 est décrit métaphoriquement comme le serpent. Jetons un coup d'œil à Genèse 3 et notons le texte souligné, qui représente le code pertinent pour ce chapitre.

Chapitre **3:1** Et le Nachash[55] était avisé[56] – de tout être vivant des champs que YHVH ELOHIM a faits. Et il dit à la femme : "Est-ce qu'ELOHIM a bien dit : Tu[P] ne mangeras

---

[55] Heb *nachash*, généralement un serpent, mais il peut également désigner une créature marine (Amos 9:3 ; Isa 27:1), la racine signifiant "briller" (comme l'airain) ou "siffler" comme dans l'enchantement.

[56] Heb *'arum*, voir le verset précédent ; "nu" vient de la même racine, signifiant "lisse" ou "glissant".

pas d'un arbre du jardin ?" **2** Et la femme dit au Nachash : "Nous pouvons manger du fruit des arbres[s] du jardin ; **3** et du fruit de l'arbre qui est au milieu du jardin, ELOHIM a dit : Tu[p] n'en mangeras pas et tu n'y toucheras pas, de peur de mourir. **4** Et le Nachash dit à la femme : "Mourir, tu[p] ne mourras pas *pour sûr* ![59] **5** Car ELOHIM sait que le jour où tu[p] en mangeras, tes yeux s'ouvriront et tu[p] seras comme ELOHIM, connaissant[p] le bien et le mal." **6** Et la femme vit que l'arbre *était* bon à manger, et qu'il *était* agréable aux yeux, et que l'arbre *était* désirable pour provoquer la vue[c], et elle prit de son fruit et elle mangea ; et elle donna aussi à son homme avec elle, et il mangea. **7** Et les yeux de tous les deux s'ouvrirent, et ils connurent qu'ils *étaient* nus ; et ils cousirent des feuilles[s] de figuier et ils se firent des pagnes. **8** Et ils entendirent la voix[62] de YHVH ELOHIM qui se promenait dans le jardin dans le vent du jour, et la créature du sol se cacha[c] – ainsi que sa femme – de la face[p] de YHVH ELOHIM au milieu des arbres[s] du jardin. **9** Et YHVH ELOHIM appela la *créature du sol* et lui dit : "Où *es-tu* ?" **10** Et il répondit : "J'ai entendu ta voix dans le jardin, et j'ai eu peur, car j'*étais* nu, et je me suis caché." **11** Et il dit : "Qui t'a dit que tu *étais* nu ? De l'arbre dont je t'avais recommandé de ne pas manger, as-tu mangé ?" **12** Et la créature du sol répondit : "La femme – celle que tu as donnée *pour être* avec moi – m'a donné de l'arbre et j'ai mangé." **13** Et YHVH ELOHIM dit à la femme : "Qu'est-ce *que* tu as fait ?" Et la femme dit : "Le Nachash m'a trompée et j'ai mangé." **14** Et

---

[59] Le double emploi du verbe indique l'accentuation.

[62] C'est-à-dire le son ; en hébreu, la "voix" est utilisée comme une métaphore pour toutes sortes de sons.

YHVH ELOHIM dit au Nachash : "Parce que tu as fait cela, tu *seras* maudit par-dessus tous les animaux et par-dessus tous les êtres vivants des champs ; tu marcheras sur ton ventre et tu mangeras de la poussière tous les jours de ta vie[p]. **15** Et je mettrai de l'hostilité entre toi et la femme, entre ta descendance et sa postérité ;[66] *il* te frappera *à la* tête, et *tu* le frapperas *au* talon." **16** Envers la femme, il dit – "Abondez[c] – j'abonderai pour sûr[c] ![68] – ta détresse[69] et ta grossesse ; dans ta détresse, tu enfanteras des fils, et vers ton homme[70] *sera* ton désir, et *il* dominera en toi."[71] **17** Et il dit à la *créature du sol*[72] : "Parce que tu as écouté[73] la voix de ta femme et que tu as mangé de l'arbre dont je t'avais dit : "Tu n'en mangeras pas", le sol *est* maudit à cause de toi. Tu le mangeras dans la détresse[74] tous les jours de ta vie[p] ; **18** il te poussera des épines et des chardons, et tu mangeras la plante des champs. **19** C'est à la sueur de tes deux narines que tu mangeras du pain, jusqu'à ce que tu retournes vers la terre, car c'est d'elle que tu as été pris ; car tu es poussière, et c'est vers la poussière que tu retourneras." **20** Et la créature du sol appela le nom de sa femme Ève, car *elle* était la mère de tous les vivants. **21** Et YHVH ELOHIM fit pour la *créature du sol* et sa femme des robes de peau, et il les habilla.

---

[66] Ou "progéniture", Heb *zera'* se réfère normalement à la "semence" masculine, mais peut également se référer à la reproduction féminine (Gen 16:10 ; Lev 12:2).

[68] Le double emploi du verbe indique l'accentuation.

[69] Ou "tristesse", même mot qu'au v. 17b.

[70] Heb *'ish*.

[71] C'est-à-dire, à l'égard de ; cf. Gn 4,7, même expression utilisée.

[72] Heb *'adam*, "*créature du sol*", sans l'article, probablement le nom propre, "Adam".

[73] Lit "entendu à. "

[74] Ou "tristesse", "difficultés", même mot qu'au v. 16.

22 Et YHVH ELOHIM dit : <u>"Regarde, la créature du sol est devenue comme l'un d'entre nous, elle connaît le bien et le mal ; et maintenant, craignons qu'elle n'avance la main et ne prenne aussi de l'arbre de vie p , qu'elle ne mange, et qu'elle ne vive pendant un certain temps… !"[79] **23** Et YHVH ELOHIM le fit sortir du jardin d'Éden, pour qu'il travaille le sol dont il avait été pris. **24** Et il chassa la créature du sol, et il fit habiter[c] à l'est du jardin d'Éden, les chérubins, et la flamme de l'épée qui tournait, pour garder le chemin de l'arbre de vie[p].</u>

Comme vous pouvez le constater, il y a beaucoup de choses à digérer dans Genèse 3, mais ne vous inquiétez pas, ce n'est vraiment pas si compliqué. Regardons la première phrase soulignée ci-dessous pour commencer à digérer le sens codé :

Et le Nachash[55] était avisé[56] – de [57]tous les êtres vivants des champs que YHVH ELOHIM a faits.

Comme un enchantement. Le serpent dans le Jardin est généralement considéré comme un serpent physique, mais cette vision littérale ne révèle pas le code. Regardez les racines pour avoir une meilleure idée de ce qui se passe ici – un enchantement brillant. Le serpent est une métaphore pour un sentiment ou une

---

[55] Heb *nachash*, généralement un serpent, mais il peut également désigner une créature marine (Amos 9:3 ; Isa 27:1), la racine signifiant "briller" (comme l'airain) ou "siffler" comme dans l'enchantement.

[56] Heb *'arum*, voir le verset précédent ; "nu" vient de la même racine, signifiant "lisse" ou "glissant".

[57] C'est-à-dire, plus astucieux par rapport à tous les autres.

[79] Signifie continuellement; l'idiome Heb fait référence à une durée indéterminée dans le futur ou le passé. La phrase est incomplète et s'arrête avant la fin de la pensée.

pensée irrésistible que l'on ne peut ignorer. Dans Genèse 3, nous Pouvons voir qu'un sentiment ou une pensée irrésistible s'est emparé de l'esprit d'Ève, un peu comme la pensée d'un certain aliment réconfortant peut rester dans notre esprit et nous contraindre à manger alors que ce n'est pas sain ou nécessaire. Le même sentiment ou modèle de pensée irrésistible se manifeste dans les discussions, lorsque nous savons que nous ferions mieux de ne pas dire telle ou telle chose, mais que nous la disons quand même, ce qui ne fait que créer une plus grande discorde.

En général, lorsque nous nous comportons de manière aussi désharmonieuse, nous nous sentons obligés de nous justifier. Si vous avez connu ce phénomène, vous avez une idée de ce que vit Ève dans Genèse 3.

Avant de manger ce plat réconfortant ou de dire cette chose que nous n'aurions pas dû dire, nous avons vécu une certaine dysharmonie intérieure potentialisant le comportement. La question est de savoir quelle dysharmonie a préparé le terrain pour le comportement d'Ève ? Quelle dysharmonie intérieure Ève a-t-elle recherchée à réconforter ?

Remarquez que le serpent a comparé Ève à l'Infini, suggérant qu'elle avait des lacunes. La discordance était une pensée dans l'esprit d'Ève suggérant qu'elle était séparée de l'Infini et inférieure à lui, et qu'elle ne méritait donc pas l'amour de l'Infini. Ève s'est jugée comme étant mauvaise. Avant même que l'histoire ne nous le dise, elle a déjà mangé de l'arbre de la connaissance du bien et du mal et subit les conséquences du doute de soi et du mensonge.

Le doute sur sa propre valeur est le premier écart par rapport à l'harmonie, ce qu'une personne à l'esprit religieux pourrait appeler le premier péché. Dans le cas d'Ève, le jugement était le suivant : "Je ne suis pas assez bien", "Je ne suis pas à la hauteur",

"Je ne mérite pas d'être aimée". Beaucoup d'entre nous ont ressenti exactement la même chose. Ces pensées et sentiments trompeurs stimulent la recherche d'identité qui piège l'humanité dans l'égocentrisme.

Pendant des milliers d'années, on nous a dit que le péché originel, un péché dont l'humanité dans son ensemble doit payer le prix, était lié à un jeune couple qui mangeait une pomme ou un coing contre l'ordre de Dieu. On nous a dit que ce péché de désobéissance ne pouvait être pardonné.

L'histoire est symbolique, tout comme nos rêves. Ce qui a été consommé n'était pas un fruit réel, mais plutôt un jugement de soi et du mensonge que l'on puisse avoir la capacité de mesurer réellement sa valeur essentielle. Ève s'est jugée comme étant indigne, ce qui va à l'encontre de sa nature en tant qu'incarnation de l'Infini. Nous consommons presque tous des jugements moraux au quotidien, n'est-ce pas ? Il peut s'agir d'un jugement sur soi ou sur les autres. Dans un cas comme dans l'autre, nous perdons notre sentiment d'innocence et la magie de la vie, et c'est ce que signifie l'avertissement "Et de l'arbre de la connaissance du bien et du mal, tu ne mangeras pas, car *le* jour où tu en mangeras, <u>tu mourras *pour sûr* !</u>". Bien que certains prétendent que l'avertissement concerne la mort physique, puisque l'histoire est une allégorie, je crois qu'il est sage de se pencher sur sa signification spirituelle plus profonde, la mort de l'innocence. La perte de l'innocence est une forme de mort spirituelle.

Examinons maintenant la manière dont le serpent a tenté Ève, qui reflète les nombreuses tentations de notre vie. "Mourir – tu ne mourras pas *pour sûr* !" dit-il. N'essayons-nous pas parfois de nous convaincre que nous pouvons nous en tirer avec des pensées et des comportements trompeurs ? Ne minimisons-nous pas notre mauvaise conduite comme une petite chose inoffensive qui peut être cachée ou que personne ne remarquera – que ce n'est pas grave ? C'est exactement ce que " Mourir – tu [P]ne mourras pas *pour sûr* !" signifie ici.

Il y a toujours un prix à payer, et il n'y a pas d'échappatoire. Ce prix n'est pas toujours évident, mais il est payé en totalité par la perte de l'innocence, la magie de la vie. Le serpent représente le diable à qui vous avez vendu votre âme.

Le premier mot, "Mourir", représente la déconnexion immédiate de la réalité qu'est la tromperie. Il vous faudra peut-être vous remémorer votre première grande tromperie pour vous souvenir de l'énorme sentiment d'égocentrisme que vous avez ressenti à ce moment-là. Le "ne mourra pas pour sûr" est l'endroit où l'esprit malin joue son jeu avec la réalité. L'accent mis sur "pour sûr", comme indiqué en italique, nous donne l'idée que, d'une manière ou d'une autre, nous pouvons contourner la loi de l'Univers, si nous sommes suffisamment intelligents.

Au niveau de l'âme, nous ne nous en sortons absolument pas. Nous payons par la perte de l'innocence. Et lorsque l'innocence a été écrasée au point que notre conscience s'est éteinte, il se peut que nous ne nous soucions même plus de nous justifier. Nous faisons simplement ce que nos compulsions nous disent de faire sans penser aux conséquences – un endroit spirituellement sombre, en effet.

Mais ne répétons pas l'erreur en blâmant Ève, comme les gens le font depuis des milliers d'années. Pour la première fois de sa vie, Ève souffrait de la conscience de soi. C'est comme lorsqu'on atteint la puberté et qu'on est soudain submergé par des sentiments et des pulsions que l'on ne comprend pas et que l'on ne peut pas facilement contrôler. Le jugement moral n'était pas exactement sa faute ; il était plutôt le résultat de l'évolution naturelle et de la maturation corporelle, ainsi que de la croyance infondée qu'elle pouvait s'en tirer avec sa tromperie, qu'elle passerait inaperçue, que sa dette ne serait pas payée.

Ève a ensuite transmis ce sentiment d'insécurité à Adam et lui a ouvert les yeux sur la conscience de soi et le jugement moral à son égard. En général, les filles atteignent la puberté avant les garçons, c'est-à-dire qu'elles mûrissent plus rapidement. C'est tout ce qui se passe ici. Ève a mûri avant Adam, ce qui signifie qu'il n'y a pas de péché originel. Pensez à quel point l'adolescence peut être déroutante et égocentrique et à quel point la conscience de l'image peut être dévorante.

Une fois que l'égocentrisme a pris le dessus, Adam et Ève ont eu honte de leur nudité et ont recouvert leurs parties intimes de pagnes faits de feuilles de figuier. Maintenant, considérez les petits enfants, comment ils peuvent se promener nus en public sans ressentir de honte. Tant que les enfants n'ont pas conscience d'eux-mêmes, ils ne ressentent pas de honte.

L'innocence ne doit pas être confondue avec certaines pratiques de renoncement telles que celle des moines jaïns, qui font une déclaration contre le confort et les vêtements en se montrant nus en public. Le renoncement n'est pas l'innocence. Le renoncement, d'une manière générale, est l'abandon de la recherche du confort matériel dans le but d'atteindre l'illumination spirituelle. Les humains ne renoncent pas aux choses avant de perdre leur innocence. Je ne dis pas que le renoncement est mauvais. Mais ce n'est pas tout à fait la même chose que l'innocence.

Genèse 3 nous parle du moment où Adam et Ève ont perdu leur innocence par maturation naturelle et par le développement qui s'en est suivi de la conscience de soi. Ce qu'ils ont vécu ne diffère en rien du moment où nous sommes devenus conscients de nous-mêmes et avons perdu notre innocence en tant que jeunes enfants.

Pour ma part, le monde me semblait magique jusqu'au jardin d'enfants, où j'ai passé un test de daltonisme. On ne nous a pas dit à quoi servait le test, mais simplement que nous devions regarder des diapositives colorées à travers une lentille et dire tous les chiffres que nous voyions dans les diapositives colorées. Les autres enfants criaient tous les chiffres avec enthousiasme. Je ne voyais pas un seul chiffre, et j'ai commencé à pleurer, pensant que j'étais stupide. L'enseignant m'a regardé à la fin du test et m'a dit : "Ne t'inquiète pas. Tu n'as rien à te reprocher". Sa réponse a exacerbé mon inquiétude. De toute évidence, quelque chose n'allait pas chez moi. Je supposais que je manquais d'intelligence. Sa tentative de minimiser ma différence n'a fait que confirmer mes soupçons. Nous avons tous eu de tels moments. C'est peut-être inévitable.

Considérez comment la conscience de soi se manifeste d'abord dans notre expérience. Pendant l'enfance, nous sommes témoins de personnes qui se jugent ou qui jugent les autres. Ainsi, nous commençons à anticiper la façon dont nous pouvons être jugés. Il se peut que nous ayons été jugés pendant un certain temps avant de devenir suffisamment conscients pour anticiper le jugement. Lorsque, en tant que jeunes enfants, nous avons reconnu que nous pouvons être jugés, l'auto-jugement devient le fondement de notre identité personnelle.

L'auto-jugement semble être une phase naturelle du processus de socialisation de l'être humain, qui correspond à la mort spirituelle dont nous avons parlé plus haut à propos de l'avertissement de Dieu "mourir, tu mourras pour sûr". Lorsque nous ne sommes que des bébés, nous sommes tout simplement incapables de reconnaître ce que les autres peuvent penser de nous ou de nos actions. Sans une socialisation appropriée, nous serions incapables de jouer et de coopérer avec les autres, ce qui serait un résultat horrible.

Parce que les humains n'ont ni crocs, ni fourrure, ni griffes, nous avons besoin d'un degré de socialisation beaucoup plus élevé que la plupart des autres animaux. La conscience de soi est nécessaire au degré de socialisation dont nous avons besoin pour survivre. La conscience de soi peut être nécessaire pour socialiser les enfants afin qu'ils soient acceptés dans le groupe, mais elle a un prix.

L'auto-jugement blesse profondément, et une fois qu'il commence, il enlève la magie de la vie. Nous perdons tous de l'innocence lorsque le serpent métaphorique murmure à notre oreille : "Tu n'es pas assez bon", "Tu n'es pas à la hauteur", "Tu ne mérites pas l'amour", et nous le croyons. Lorsque cette tromperie initiale se produit, une disharmonie commence à se développer à l'intérieur comme un cancer malin, stimulant la recherche d'une identité qui nous donnerait sécurité ou puissance.

Peut-être ne pouvez-vous pas vous identifier à l'auto-jugement négatif, car vous avez peut-être le sentiment d'être excellent par rapport aux autres. La tentation pourrait être de supposer que *le principe* ne s'applique pas à vous dans ce cas. Ce serait une erreur, car *le principe* couvre toutes les formes de jugements sur l'estime de soi, y compris ceux qui sont comparativement positifs. Nous aborderons cet aspect du *principe* dans la quatrième partie.

C'est ici que l'histoire de la Genèse devient un peu contre-intuitive. Du point de vue myope de l'humanité égocentrique, le serpent semble mauvais, tout comme le sont nos pensées et nos jugements négatifs. Il est utile de se rappeler que rien n'est en dehors de l'infini, et que l'Infini voit tout comme étant bon. Il nous suffit d'ouvrir les yeux pour avoir une vue d'ensemble.

Avec l'idée d'un infini bon à l'esprit, envisagez la possibilité que le serpent dans cette allégorie serve une fonction de l'Infini. Supposons que le jugement de soi soit une étape nécessaire de notre développement. Le jugement est la nature du *satan* ; autrement dit, le jugement est synonyme de *satan*. Nous avons vu que *le satan* est décrit comme le trompeur et l'opposant. C'est dans le livre de Zacharie que commence cette association.

Dans le livre de Zacharie, Josué, un grand prêtre, représente la nation de Juda dans un procès pour ses péchés. Au cours de ce procès, Dieu est le juge, tandis que le *satan* est le procureur. Voici le passage pertinent de Zacharie 3:1 :

> **1** Il me fit voir Josué, le souverain sacrificateur, debout devant l'ange de l'Éternel, et Satan qui se tenait à sa droite pour l'accuser.

D'après les nombreux passages présentés jusqu'ici dans ce chapitre, nous pouvons voir que *le satan* est décrit comme l'adversaire, l'accusateur, un trompeur, un tentateur, un procureur, et un ange. L'association entre les qualités du serpent et celles du *satan* est évidente. Voyons ce qui se passe ensuite dans Genèse 3.

> **8** Et ils entendirent la voix de YHVH ELOHIM qui se promenait dans le jardin, dans le vent du jour, et la créature du sol se cacha[c], avec sa femme, de la face[p] de YHVH ELOHIM, au milieu des arbres[s] du jardin. **9** Et YHVH ELOHIM appela la *créature du sol* et lui dit : "Où *es-tu* ? "**10** Et il répondit : "J'ai entendu ta voix dans le jardin, et j'ai eu peur, car j'*étais* nu, et je me suis caché." **11** Et il dit : "Qui t'a dit que tu *étais* nu ? De l'arbre dont je t'avais recommandé de ne pas manger, as-tu mangé ? "**12** Et la créature du sol

répondit : La femme – *celle* que tu as donnée pour *être* avec moi – m'a donné de l'arbre et j'ai mangé."

Dans leur honte et leur culpabilité, Adam et Ève tentent de se cacher. Lorsque Dieu laisse entendre qu'il sait qu'ils ont mangé de l'arbre de la connaissance du bien et du mal, Adam se retourne et blâme Ève et Dieu simultanément, car Dieu a créé Ève et aurait su qu'elle allait manger de l'arbre. Puis Ève, voulant détourner le blâme, désigne le serpent comme la source de la désobéissance. Bien sûr, le serpent, comme Ève, est aussi une création de Dieu, de sorte que son blâme se retourne aussi contre Dieu.

En raison de la conscience de soi, les enfants souffrent maintenant d'une triple dysharmonie – la honte, le blâme et la culpabilité. Dieu maudit les trois parties, Ève, Adam et le serpent :

> **14** Et YHVH ELOHIM dit au Nachash : "Parce que tu as fait cela, tu *seras* maudit par-dessus tous les animaux et par-dessus tous les êtres vivants des champs ; tu marcheras sur ton ventre et tu mangeras de la poussière tous les jours de ta vie[p]. **15** Et je mettrai de l'hostilité entre toi et la femme, entre ta descendance et sa postérité ;[66] *il* te frappera[67] *à la* tête, et *tu* le frapperas *au* talon." **16** Envers la femme, il dit – "Abondez[c] – j'abonderai pour sûr[c] ![68] – ta détresse[69] et ta grossesse ; dans ta détresse, tu enfanteras des fils, et vers ton homme[70] *sera* ton désir, et *il* dominera en toi."[71] **17** Et il

---

[66] Ou "progéniture", Heb *zera'* se réfère normalement à la "semence" masculine, mais peut également se référer à la reproduction féminine (Gen 16:10 ; Lev 12:2).

[67] Ou "bleu".

[68] Le double emploi du verbe indique l'accentuation.

[69] Ou "tristesse", même mot qu'au v. 17b.

[70] Heb *'ish*.

[71] C'est-à-dire, à l'égard de ; cf. Gn 4,7, même expression utilisée.

dit à la *créature du sol*[72] : "Parce que tu as écouté[73] la voix de ta femme et que tu as mangé de l'arbre dont je t'avais dit : "Tu n'en mangeras pas", le sol *est* maudit à cause de toi. Tu le mangeras dans la détresse[74] tous les jours de ta vie[p] ; **18** il te poussera des épines et des chardons, et tu mangeras la plante des champs. **19** C'est à la sueur de tes deux narines que tu mangeras du pain, jusqu'à ce que tu retournes vers la terre, car c'est d'elle que tu as été pris ; car tu es poussière, et c'est vers la poussière que tu retourneras."

La réponse contient beaucoup de jugements et de malédictions de la part d'un dieu omniprésent, à l'amour, au savoir et à la puissance absolus, un dieu qui devait savoir qu'Adam et Ève mangeraient de l'arbre de la connaissance du bien et du mal lorsqu'il les a créés et placés dans le Jardin avec cet arbre séduisant. Le jugement et les malédictions de Dieu semblent en décalage avec le Dieu représenté dans Genèse 1. Là, ELOHIM ne voyait que le bien.

La clé pour comprendre Genèse 3, pour résoudre cette contradiction apparente, est de réaliser que chaque mot qui y figure est une projection d'esprits égocentriques. L'histoire entière se déroule du point de vue du "serpent", le point de vue qui a perdu le sens de l'unité avec *tout ce qui est,* en raison de l'égocentrisme naturel que permet la conscience de soi. Essentiellement, l'Infini incarné a oublié sa nature infinie, et est pris dans l'identification personnelle.

Genèse 3 représente, en grande partie, l'évolution de l'Infini incarné, par le biais de l'agrandissement du cerveau humain, qui

---

[72] Heb 'adam, "*créature du sol*", sans l'article, probablement le nom propre, "Adam".
[73] Lit "entendu à. "
[74] Ou "tristesse", "difficultés", même mot qu'au v. 16.

se traduit par un degré accru de conscience de soi et du jugement subséquent que cette conscience de soi engendre. La consommation métaphorique de l'arbre du bien et du mal représente une évolution de l'être humain qui lui permet de réaliser les types d'intelligence spécifiques qui différencient ses capacités mentales de celles des autres animaux. Nous pouvons en voir la preuve dans la déclaration suivante, tirée de Genèse 3 :

> "Abondez[c] – j'abonderai pour sûr[c]! – ta détresse et ta grossesse ; dans ta détresse, tu enfanteras des fils, et vers ton homme *sera* ton désir, et *il* dominera en toi."

La plupart des raisons pour lesquelles les femmes d'avant la modernité dépendaient autant des hommes pour leur survie étaient biologiques. Tout d'abord, jusqu'au milieu du XXe siècle, il n'existait aucun moyen fiable de contrôle des naissances, de sorte que la plupart des femmes adultes étaient presque constamment enceintes, surtout dans des circonstances plus primitives.

La longue période de gestation de neuf mois nécessaire pour préparer un bébé humain à la naissance est bien plus longue que celle de la plupart des autres animaux, à l'exception des gorilles (8,5 mois), des baleines (10-14 mois) et des éléphants (environ 20 mois), tous des animaux très intelligents que les scientifiques soupçonnent d'être également conscients d'eux-mêmes. Pendant la grossesse humaine, les futures mères sont très vulnérables et ont besoin de protection et de soutien.

Quant à la douleur de l'accouchement mentionnée dans la malédiction de Dieu contre les femmes dans Genèse 3, la tête des bébés humains à la naissance est si grosse que la largeur des hanches des femmes a nécessairement augmenté au fil du temps pour permettre au bébé de passer par la voie génitale. Les biologistes suggèrent largement que les hanches des femmes sont déjà à leur largeur évolutive maximale. Si les hanches devaient s'élargir davantage, les femmes perdraient la capacité de marcher. En raison de la largeur de la tête, l'accouchement est une expérience ardue et douloureuse pour la plupart des femmes. Bien sûr, si quelque chose tourne mal au cours du processus, le risque de décès est beaucoup plus élevé que chez les autres animaux.

Les longues périodes de gestation, la douleur et le danger de l'accouchement, le long cycle de développement des enfants après la naissance, avec les soins et l'encadrement quasi constants nécessaires pour élever un être humain en bonne santé, combinés au fait que les êtres humains n'ont pas eu de contrôle fiable des naissances avant les années 1960 : tous ces facteurs ont rendu les femmes très dépendantes de leurs hommes et des autres personnes de leurs clans.

Genèse 3 est une description des effets naturels de l'évolution du cerveau humain vers une conscience de soi accrue et des capacités mentales connexes. Grâce à la conscience de soi accrue que nous procure notre cerveau plus volumineux, associée à l'ignorance de notre véritable nature, nous nous condamnons nous-mêmes, les autres, l'Univers et, par procuration, l'Infini, presque constamment. La Genèse 1-3 nous avertit que l'égocentrisme est la cause de notre souffrance.

Nous nous sommes presque entièrement reposés sur notre forme d'intelligence spécifique pour survivre, notamment en nous isolant de la nature d'une manière que les autres créatures ne peuvent pas faire. En nous protégeant, nous nous sommes séparés psychologiquement de notre nature profonde, de notre propre corps et de notre connexion avec l'Infini. En bref, nous nous sentons profondément seuls à la suite de la mort de l'innocence.

La chute n'est pas quelque chose du passé, mais se produit en ce moment même, tout comme la possibilité du retour à l'Éden. Pour comprendre cette idée, observez d'abord attentivement la traduction ci-dessous, tirée de scripture4all.org [cette version existe aussi en allemand et en néerlandais – N.d.T.]. Elle montre l'hébreu (qui va de droite à gauche) et la traduction littérale anglaise en dessous qui va de gauche à droite.

3:24	וַיְגָרֶשׁ		אֶת ־ הָאָדָם	וַיַּשְׁכֵּן		מִקֶּדֶם
	u·igrsh		ath – e·adm	u·ishkn		m·qdm
	and·he-is-driving-out	»	the·human	and·he-is-causing-to-tabernacle		from·east

לְגַן	עֵדֶן ־	אֶת ־ הַכְּרֻבִים	וְאֵת	לַהַט	הַחֶרֶב	הַמִּתְהַפֶּכֶת
l·gn	– odn	ath – e·krbim	u·ath	let	e·chrb	e·mthephkth
to·garden-of	Eden »	the·cherubim	and·»	flame-of	the·sword	the·one-turning-himself

לִשְׁמֹר	אֶת ־ דֶּרֶךְ	עֵץ	הַחַיִּים	: ס
l·shmr	ath – drk	otz	e·chiim	: s
to·to-guard-of	» way-of	tree-of	the·lives	

https://www.scripture4all.org/OnlineInterlinear/OTpdf/gen3.pdf

"et-Il-chasse" l'homme et-Il-couvre-le-tabernacle de l'est au Jardin d'Éden "les chérubins et-" flamme de l'épée celle-qui-se-tourne-au-garde-de "chemin-de-l'arbre-des-vies"

Veuillez noter que l'hébreu et la traduction littérale sont au présent, comme on peut le voir dans "Il <u>chasse</u> l'homme" et "celle qui se tourne". Lisez maintenant avec attention la traduction finale :

24 C'est ainsi qu'il chassa Adam; et il mit à l'orient du jardin d'Éden les chérubins qui agitent une épée flamboyante, pour garder le chemin de l'arbre de vie.

Notez qu'elle est entièrement écrite au passé avec les verbes "chassa" et "mit". Le passé est un sens supposé inséré par les traducteurs, ce qui donne un sens très différent du texte hébreu original. Si vous examinez de près la traduction littérale, en vert, directement sous le texte hébreu et que vous la comparez à la traduction finale, vous remarquerez qu'il y a un grand nombre de suppositions dans la traduction qui peuvent induire en erreur. Pour les besoins de ce chapitre, il suffit de remarquer le passage du présent correct au passé incorrect.

En gardant à l'esprit cette simple correction du temps, nous pouvons constater que l'humanité n'est pas tombée irrémédiablement en disgrâce à une époque lointaine du passé. Non, cela se produit en ce moment même, à cause de l'égocentrisme dont nous faisons l'expérience dans notre vie quotidienne. Et ce message nous donne de l'espoir, car si l'égocentrisme provoque un sentiment de séparation en ce moment même, cela signifie que nous pouvons y remédier dès maintenant, en nous efforçant d'être un peu moins égocentriques en ce moment même et en l'étant un peu moins chaque jour. Nous connaissons maintenant le chemin vers l'arbre de vie ou "l'arbre des vies", tel qu'il est décrit ci-dessus !

Pour nous aider à avancer dans une direction saine, passez un peu de temps chaque jour à faire le compte des moments de la journée où vous avez mesuré ou jugé votre valeur fondamentale ou celle d'une autre personne. Remarquez quand vous avez ressenti de la honte, du blâme, de la culpabilité ou de l'arrogance. Laissez tomber ces sentiments, car ils ne sont pas utiles.

Au lieu de vous auto-flageller avec des énergies inefficaces comme le jugement moral et de perpétuer la souffrance d'Adam et Ève, réfléchissez simplement à ce que vous préféreriez dans votre vie si vous vous aimiez vraiment et vouliez être le plus complet possible. Préférez-vous continuer le comportement pour lequel vous vous jugez et jugez les autres ? Si ce n'est pas le cas, faites-en moins et faites un peu plus de ce qui vous amène dans une direction saine.

En réduisant le jugement moral, en faisant moins de ce qui est malsain pour votre bien à long terme et en faisant plus de ce qui est sain, votre exemple encourage les autres à faire des changements sains et à se libérer du jugement moral. En persistant quotidiennement, cette pratique peut apporter une grande clarté intérieure et une grande libération. Et n'oubliez pas qu'il n'y a pas, et qu'il n'y a jamais eu, de péché originel.

Chapitre 12

Les cartes de la vie

Comme nous l'avons vu au chapitre 9, Genèse 1 trace la perspective de l'Infini désincarné, comment il voit le Cosmos, le ciel, les eaux, la Terre, la flore, la faune et l'humanité comme un reflet parfait de lui-même. Le chapitre 10 traite de Genèse 2 et de la façon dont elle retrace l'expérience que l'Infini a de lui-même à travers la vie des premiers humains. Genèse 2 raconte une relation harmonieuse et innocente entre l'humanité et l'environnement. Le chapitre 11 réfléchit à Genèse 3, qui souligne le processus par lequel l'Infini fait l'expérience de la conscience de soi individuelle et de l'égocentrisme. Comme Genèse 3 reflète l'état actuel de l'humanité, examinons de plus près les implications de ce texte.

Genèse 3 fonctionne comme un schéma de la conscience humaine que nous pouvons faire correspondre à trois processus différents de l'expérience humaine. Comme je l'ai suggéré, Genèse 2-3 englobe le processus d'évolution des êtres humains, passant d'une espèce d'hominidé plus primitive à l'homo sapiens, ainsi que le processus naturel de maturation du développement de l'enfance. Elle se lit également comme un guide pour l'expérience de la méditation ou de la prière. Je crois que nous avons suffisamment parlé de la carte de l'évolution, aussi, dans ce chapitre, parlons davantage des deux autres cartes, le processus de développement de l'enfance et le processus de prière et de méditation. Parlons d'abord du processus de méditation.

Lorsque nous méditons ou prions suffisamment profondément, comme de nombreuses personnes l'ont attesté, nous sommes capables de rencontrer l'Infini, un peu comme je l'ai fait lorsque je me suis cassé la cheville dans ma jeunesse. L'expérience peut durer quelques minutes, quelques heures ou quelques jours avant que le sentiment d'un moi isolé ne revienne progressivement. Alors que l'expérience pure de l'Infini s'éloigne de nous, le sentiment de connexion et de communion avec notre environnement demeure pour un temps. On peut avoir l'impression que tout est vivant et conscient à un niveau plus profond, tout comme Adam et Ève ont connu un sentiment d'harmonie avec eux-mêmes, leur environnement et l'Infini. À un moment donné, le sentiment de soi revient dans une certaine mesure et nous nous retrouvons plus ou moins dans notre esprit égocentrique, mais avec un souvenir de cette expérience de l'Infini qui nous sert de guide et nous aide à nous ouvrir un peu plus à l'Infini dans notre vie quotidienne.

Les lecteurs qui ont eu une expérience directe de l'Infini par la méditation, la prière ou une expérience mystique se reconnaîtront probablement dans les phases du processus que j'ai décrit ci-dessus. Si vous n'avez pas vécu de telles expériences, vous pourrez peut-être vous référer à cette partie de l'histoire de la Genèse d'une autre manière – à travers le processus de développement prénatal et postnatal de l'enfant.

Partant de l'idée que la conscience, la capacité de témoigner, est fondamentale, nous supposons que chez un fœtus humain, le premier sens est simplement la conscience d'être, en l'absence de tout autre sens. À ce stade de base, la personne n'a probablement pas de récit mental, pas de voix intérieure, pas de sentiment d'un moi spécifique. Le sentiment d'être sans limites est dû au fait que la proprioception, un sens qui indique où se trouvent les limites du corps par rapport à l'espace qui l'entoure, n'est pas encore développée. Sans le sens des limites, on se sent indéfini.

À mesure que le système nerveux se développe, les sensations d'inconfort stimulent le mouvement instinctif pour éviter la douleur. Ce mouvement instinctif affine la conscience que le cerveau a du mouvement. Par conséquent, le fœtus peut ressentir tous les mouvements, ceux de sa mère et les siens, mais être incapable d'en distinguer la source. Pour le fœtus, il n'y a probablement que la conscience d'être, la conscience du confort par rapport à l'inconfort, et la conscience du mouvement par rapport à l'immobilité. Il n'a pas encore le sens d'autrui, même si la conscience de l'inconfort et du mouvement y conduira éventuellement grâce au développement du système nerveux central et du cerveau.

Les sens de base que sont la vue, l'odorat, le goût et l'ouïe font alors partie de l'expérience du fœtus, vague au début, mais de plus en plus stimulante. Au fur et à mesure que ces sens se développent, il en va de même pour le sentiment que certains goûts et certaines odeurs sont agréables et d'autres désagréables. La lumière peut être vaguement détectée, de la même manière que les adultes peuvent détecter la lumière et l'obscurité à travers des paupières fermées. Certains sons sont agréables, comme la voix des parents qui parlent, et d'autres désagréables, comme le bruit d'une dispute. Ces sens fonctionnent comme s'ils étaient à l'arrière-plan du sentiment d'être.

À mesure que le système nerveux et les sens continuent de se développer, le cerveau, qui facilite l'accroissement des fonctions, développe un mécanisme de filtrage pour limiter les stimuli afin que le fœtus ne soit pas submergé par l'abondance de nouvelles informations sensorielles. Au fur et à mesure que le filtrage s'affine, le sentiment d'être diminue pour faire place aux autres sens en développement, qui passent au premier plan de l'attention. Le fœtus commence à éprouver un vague sentiment de soi et des autres.

Le cerveau commence à différencier le corps en développement du corps de la mère, d'abord par le biais de mouvements instinctifs et du toucher kinesthésique. Par exemple, dans l'utérus, le fœtus peut ressentir la pression de son corps contre la surface de l'utérus. Cette sensation aide le cerveau à délimiter le territoire de son propre corps par opposition à ce qui n'est pas le sien.

Finalement, la naissance a lieu. Devenu nourrisson, le cerveau réalise lentement que ce qu'il ne ressent pas à l'intérieur de lui-même n'est pas un soi, mais un autre. Un exemple de cette expérience peut se produire si vous vous réveillez avec ce qui semble être le bras d'un étranger sur votre poitrine, pour réaliser après une brève frayeur qu'il s'agit en fait de votre propre membre engourdi. Votre cerveau suppose d'abord que ce qu'il ne peut pas sentir à l'intérieur n'est pas vous. Ce n'est que lorsque la circulation sanguine rétablit la sensibilité du membre, ou si vous parvenez à vous calmer suffisamment longtemps pour y réfléchir un instant, que vous réalisez qu'il s'agit de votre propre bras et non de quelqu'un qui vous attaque dans votre sommeil.

Le vaste éventail de stimuli que l'on trouve en dehors de l'utérus permet aux sens et aux filtres informationnels du cerveau de se développer encore davantage. En dehors de l'utérus, le nourrisson en pleine croissance se fie généralement à ses yeux pour développer son sens physique du moi. Par exemple, lorsque les mains du nourrisson se déplacent pour la première fois instinctivement devant ses yeux, elles doivent sembler être des objets flous méconnaissables, mais à mesure que le système nerveux ressent le mouvement, qui coïncide avec les objets flous qui se déplacent devant les yeux, le jeune enfant apprend à voir et à reconnaître les mains comme une partie de lui-même qu'il peut contrôler. Il s'agit d'une phase bien connue de l'anatomie du développement.

D'autres choses commencent à attirer le regard et à informer la personne sur elle-même et sur les autres. Au-dessus du berceau, d'autres objets flous peuvent être suspendus au plafond pour divertir. Le cerveau, désireux d'en faire l'expérience, essaie de leur ordonner de s'approcher comme il le fait avec les bras et les jambes. Mais contrairement aux bras et aux jambes, les objets suspendus au plafond n'obéissent pas. Le cerveau peut essayer de sentir à l'intérieur d'eux comme il le fait pour le corps, mais il constate avec frustration qu'il en est incapable.

Par des tentatives et des échecs répétés, qui rappellent ceux d'un Jedi tentant de récupérer un sabre laser par télékinésie, le cerveau trace inconsciemment le territoire du soi et de l'autre. Ce processus associatif devient de plus en plus complexe à mesure que le système nerveux se développe grâce aux interactions avec le corps et l'environnement.

Grâce à la différenciation du soi et de l'autre, le corps apprend instinctivement à diriger sur l'autre, ce qui engendre un sentiment de contrôle puisque "votre" désir guide de plus en plus le mouvement, créant ainsi un sentiment de choix. Les mouvements inconscients de l'instinct, bien que toujours présents, ne sont plus le seul type de mouvement.

Le sentiment de soi se développe encore davantage à mesure que l'enfant maîtrise son corps et son environnement. Par exemple, l'enfant découvre qu'il semble être capable de choisir certaines expériences, en sélectionnant ce qu'il aime et en évitant ce qu'il n'aime pas. Il apprend également à utiliser sa voix pour appeler ses parents. Finalement, il apprend à affiner ces appels, ce qui lui donne encore plus de contrôle sur son environnement et ses expériences.

Maintenant un enfant peut dire, "Je suis moi."

Au fur et à mesure que les enfants se développent, ils se familiarisent avec leurs forces et leurs faiblesses, leurs penchants et leur place dans la société. Ils développent également des impressions et des opinions sur eux-mêmes, les autres et le monde.

Les sentiments, les pensées et les mots envahissent l'esprit pour renforcer le sentiment de soi qui se développe jusqu'à ce qu'il semble totalement réel. Pourtant, un sentiment subtil d'être indifférencié peut subsister. Ce sentiment est à l'origine de l'innocence et de la crainte que ressentent les jeunes enfants – un sentiment que presque tout le monde perd au moment de la puberté.

Les premiers indices de la voix séductrice du serpent se manifestent généralement vers l'âge de trois ou quatre ans, lorsque nous apprenons à déformer le sens de la réalité des gens en racontant des histoires ou en mentant pour obtenir des avantages ou pour échapper à des conséquences telles qu'une punition. La capacité à raconter des histoires est une condition préalable à l'égocentrisme, et les êtres humains sont des conteurs instinctifs, c'est-à-dire qu'ils sont captivés par les histoires. Au moment de la puberté, la voix du serpent nous parle régulièrement, nous jugeant nous-mêmes, les autres et le moment présent comme bons ou mauvais.

À mesure que le sentiment de soi se développe, il est modifié par la socialisation et les expériences avec les parents, les voisins, les amis, l'école, l'ethnie, la culture, les talents, l'enseignement supérieur, les connaissances, la carrière et la société dans son ensemble. La connaissance des forces et des faiblesses personnelles se développe grâce aux interactions avec notre environnement et aux nombreux jugements accumulés sur nous-mêmes, les autres et le monde qui nous entoure. Le jugement commence à définir notre histoire de soi.

À ce stade de la vie, la personne sent ses capacités en tant qu'être humain, du moins par rapport à la petite enfance. Mais au cours du processus de développement, elle peut se rendre compte qu'elle a perdu quelque chose d'important : le simple sentiment d'exister. Ce sentiment est la magie de la vie.

Ainsi, comme vous pouvez le constater à travers les processus de développement pré et post-natal : votre vie commence par une conscience indifférenciée, puis se transforme en une innocence enfantine grâce au développement des sens et des capacités humaines de base. Cet état se personnalise ensuite davantage par le développement de la conscience de soi et de la socialisation, jusqu'à ce que la personne soit complètement absorbée par l'histoire de sa propre vie.

Au cours de ce processus, la personne développe une plus grande fonctionnalité et une plus grande capacité à avancer dans le monde, mais elle perd le contact avec son sens inné de connexion avec la vie. Le développement de la conscience de soi n'est ni une erreur, ni un péché. La conscience de soi et la dysharmonie qui l'accompagne sont des éléments nécessaires à la maturation de l'Infini incarné qui se dirige vers la phase suivante de l'évolution, l'éveil.

Entracte

Nous sommes arrivés à un point charnière du livre. Avant de poursuivre, je souhaite partager la philosophie d'enseignement de mon instructeur d'arts martiaux, Osaki Shizen, car je pense qu'elle peut être utile aux lecteurs maintenant.

Lorsque je m'entraînais aux arts samouraïs avec mon professeur, il expliquait très peu les aspects techniques. Il faisait des démonstrations et parlait de la forme des techniques, mais il n'expliquait jamais les principes sous-jacents. Interrogé, il se contentait de répéter ce qu'il m'avait déjà dit.

En ce qui concerne sa méthode d'enseignement, il a expliqué qu'il souhaitait que ses élèves développent un haut niveau de conscience, et que s'il leur expliquait comment tout faire, ils deviendraient des esprits ternes, dépourvus de la conscience nécessaire pour passer au niveau supérieur.

Pendant des années, je me suis entraîné de cette façon, sans vraiment savoir ce que je faisais. Finalement, je suis devenu un peu plus affûté et plus compétent, et il m'a donné des licences d'instructeur dans les quatre arts qu'il m'avait enseignés. À ce moment là, il a expliqué plus en détail sa philosophie d'enseignement.

Son objectif était que les élèves développent une conscience si élevée au cours de leur exploration des arts qu'ils finiraient par dépasser ses capacités. Une telle formation permettrait aux arts de s'approfondir avec chaque génération. Il disait :

> *Si je vous expliquais mes théories, vous suivriez probablement exactement l'approche que j'utilise et ne découvririez donc rien de nouveau. Je crois en vous et je pense que vous pouvez passer au niveau supérieur. Lorsque vous formez vos élèves, ayez confiance en leurs capacités à vous surpasser. C'est ainsi que les arts continueront de prospérer.*

J'ai plutôt aimé cette idée car j'ai compris que c'était l'approche qu'Einstein utilisait pour apprendre la physique. Au lieu de suivre les méthodes de ses professeurs, comme les étudiants de son époque étaient encouragés à le faire, Einstein s'est mis au défi de prouver des théorèmes difficiles à sa propre manière. Il est certain que ce dévouement à la découverte de soi l'a préparé à formuler sa théorie révolutionnaire de la relativité.

Dans cet état d'esprit de découverte de soi, je voudrais attirer votre attention sur le code. Après avoir lu les trois premières parties, pensez-vous que vous pouvez le voir ? Pouvez-vous l'articuler de manière concise, afin que quelqu'un d'autre puisse le comprendre ? Êtes-vous capable d'identifier *le principe* que le code révèle et de l'expliquer de manière fonctionnelle ? Si vous avez vraiment vu le code, vous devriez être capable de prédire avec un haut degré de précision comment déverrouiller les portes métaphoriques de l'Éden. Vous devriez prendre quelques minutes pour essayer de l'expliquer par écrit ou à voix haute.

Si vous avez des difficultés à articuler le code ou *le principe*, ou si vous sentez que des lacunes subsistent dans votre compréhension, pensez à vous donner un peu de temps pour vous frayer un chemin à travers le matériel dans le but d'articuler à la fois le code et *le principe*. Ce faisant, vous verrez peut-être plus loin que ce que j'ai écrit jusqu'à présent. Ne serait-ce pas merveilleux ? Bien entendu, si vous préférez poursuivre votre lecture sans réfléchir de la sorte, vous êtes le bienvenu.

Pour aider à clarifier le contenu de la Partie 3, j'ai également inclus, à la page suivante, une chanson perspicace qui, je l'espère, vous plaira. Pour en tirer le meilleur parti, je vous recommande d'écouter la chanson en même temps que vous lisez les paroles. Vous pouvez l'écouter gratuitement en cherchant "The Brothers Reed Irish Hymn" sur YouTube.

Hymne irlandais
Les frères Reed

Tu m'as demandé d'être et je suis là...
Un murmure indistinct sans même une chance...
Un désir instinctif de se souvenir mais je ne peux pas ...
Malgré toutes les frustrations, j'ai fait la paix avec ça.

Le diable a dit : "Hé garçon, qu'est-ce que tu as ?"
"Je n'ai pas de poches, juste des trous dans mes chaussettes."
Il m'a dit "laisse-moi te dire le secret de la vie"...
Une bouchée de ma pomme et je t'aiderai à survivre.

Oh Seigneur, s'il vous plaît, je suis à genoux.
Dans un monde de confusion avec des réponses à chercher.
Affamé et faible avec rien à perdre,
J'aimerais vous voir passer une journée à ma place.

Allez-y et prenez-moi, je suis prêt.
Ou êtes-vous juste un enfant qui joue dans le sable ?
Je vais accueillir les vagues pour me ramener...
et je me reposerai sur le fond dans un silence content.

Oh Seigneur, s'il vous plaît, je suis à genoux.
Dans un monde de confusion avec des réponses à chercher.
Affamé et faible avec rien à perdre,
J'aimerais vous voir passer une journée à ma place.

Partie 4

Le livre de Dieu

L'un des principes centraux du judaïsme et du christianisme est la compréhension que Dieu est complètement entier. En tant que tel, Dieu ne vient de rien d'autre et ne dépend de rien d'autre. En raison de son intégralité parfaite, Dieu est complet et donc immuable.

Une idée répandue parmi les chrétiens veut que l'Infini ait changé les règles en faisant une nouvelle promesse à l'humanité avec la venue de Jésus. La croyance en une nouvelle promesse est une fausse croyance car l'Infini, étant entier et complet, ne change pas. En fait, nous n'avons aucune promesse de l'Infini, car l'Infini n'est ni manipulateur ni coercitif. Seuls les égocentriques concluent de tels accords conditionnels.

De nombreux croyants peuvent se demander ce que le paragraphe ci-dessus dit de la relation entre les êtres humains et l'Infini. Une façon de comprendre cette relation est de considérer les êtres humains comme le rêve de l'Infini, et non comme quelque chose d'extérieur ou d'inférieur à celui-ci. Dans le cadre de l'expérience humaine, on ne réalise généralement pas l'intégralité qui est à la base de l'existence humaine.

De temps à autre, des individus exceptionnels ont vécu parmi nous et ont réalisé leur unité fondatrice. Dans le passé, ces personnes exceptionnelles étaient considérées comme des avatars, des maîtres, des prophètes, etc. Mettons de côté ces titres, car ces étiquettes n'apportent pas de clarté. Ces personnes sont comme tout le monde, sauf qu'elles ont conservé le sens de leur nature innée. Je soupçonne que ce sens deviendra bientôt beaucoup plus commun parmi les êtres humains.

Comme je l'ai suggéré dans la Partie 1, la conscience est le terrain d'où émerge l'hologramme de la "réalité". En tant que telle, il est important de ne pas inverser cette relation sur le plan conceptuel : si nous considérons la conscience comme une partie ou un aspect de la réalité, cela fausse notre perception de la conscience. L'erreur serait de penser que la conscience est une chose *au sein de* la réalité, alors qu'elle n'est pas une chose. Pour minimiser la tendance de l'esprit à considérer la conscience de cette manière limitée, nous allons décrire la conscience par le biais des possibilités perceptives.

La conscience a deux possibilités perceptuelles primaires simultanées. Tout d'abord, nous avons la perspective infinie, que j'appellerai dorénavant "Conscience pure" ou "Conscience" avec un C majuscule. Ensuite, il y a la perspective finie, que j'appellerai "Esprit universel" ou "Esprit" avec un E majuscule.

La Conscience pure, le fondement de toute existence, est totalement inclusive de toutes les possibilités. En raison de l'ouverture totale de sa perspective, son attention ne s'attache pas aux détails d'une possibilité ou d'un soi particulier.

L'Esprit universel, quant à lui, fait l'expérience d'êtres qui semblent finis. En raison de ces expériences apparemment finies, son attention a tendance à se perdre dans les détails. Le fini, par définition, est temporaire, a une fin, ne dure pas. Pourtant, l'Infini et le fini sont tous deux des perspectives d'un être unifié.

Une compréhension très élémentaire de ces deux perspectives nous aidera à mieux comprendre notre propre vie et la manière dont nous pouvons trouver un équilibre. Dans la Partie 4, nous explorerons la nature du Témoin à travers les perspectives de la Conscience et de l'Esprit et nous les relierons à notre lecture de YHVH ELOHIM telle qu'elle apparaît dans la Genèse.

Au chapitre 13, nous explorons la mystérieuse perspective infinie de la Conscience pure et la rattachons au tétragramme (YHVH) sur la base de la signification hébraïque de ce mot et de l'expérience mystique pertinente décrite au chapitre 2.

Au chapitre 14, nous analysons l'énigmatique perspective finie de ce que j'appelle l'*Esprit universel* (ELOHIM) et nous développons la compréhension que ce que nous considérons comme la réalité est en fait un agréable courant de conscience, une révélation même pour le Témoin.

Au chapitre 15, nous explorons le mystère de ce qui est diversement appelé l'Esprit Saint ou le Verbe de Dieu, et nous révélons comment il est lié à la Conscience pure, à l'Esprit universel, à l'Univers et à vous.

Et au chapitre 16, nous abordons la perspective et le chemin de l'individu qui s'éveille à sa nature essentielle. Nous couvrirons les nombreux défis qui jalonnent le chemin et envisagerons le schéma correctif que le code et *le principe* ou *point d'autre* fournissent.

Note : dans les chapitres à venir, je décris divers aspects du Témoin (Dieu), en utilisant une nouvelle terminologie, comme laConscience pure et l'Esprit universel. Ces nouveaux indicateurs, ainsi que les deux indicateurs précédents, Infini et Témoin, font tous référence au même Être incommensurable. J'ai mis une majuscule à chaque indicateur pour rappeler au lecteur qu'ils indiquent différents aspects ou manières de voir la même chose.

Chapitre 13

La Conscience pure

Comme indiqué dans l'introduction de la Partie 4, l'Infini a deux perspectives principales : la Conscience pure et l'Esprit universel. Ce chapitre examine la perspective de la Conscience pure, le terrain immuable d'où découle tout changement perçu.

Les personnes qui ont fait l'expérience de la Conscience pure ont tendance à la décrire comme un sentiment infiniment plus significatif que la réalité ordinaire. Ce sentiment donne l'impression d'être complètement présent et ineffable. Je crois que le caractère ineffable de l'expérience a conduit à la création du tétragramme, que vous pouvez reconnaître comme יהוה (YHVH) dans la Bible hébraïque. Dans les Bibles modernes, ce symbole est généralement rendu par "Seigneur". Selon les enseignements juifs modernes, YHVH est le nom personnel d'ELOHIM (Dieu).

Nous pouvons nous tourner vers le tétragramme YHVH pour avoir une idée des caractéristiques de YHVH, car les anciens noms juifs s'attachaient à décrire les caractéristiques d'un individu et sa réputation. Bien que nous puissions obtenir quelques indices sur les caractéristiques du Divin à travers le système de dénomination, nous ne pouvons pas obtenir la prononciation de cette manière.

Le problème pour déterminer la prononciation correcte est que l'hébreu ancien est considéré comme une langue sacrée qui n'était pas parlée dans le passé. L'alternative est qu'il s'agissait autrefois d'une langue parlée, mais que les gens ont perdu la capacité de la parler il y a des milliers d'années. Dans tous les cas, nous ne pouvons pas être sûrs de la prononciation. Cette tournure des événements est due au fait que le peuple juif n'a pas eu de pays à lui pendant des siècles. Réparti entre différentes cultures au Moyen-Orient et en Europe, l'hébreu ancien, s'il a jamais été une langue parlée, a été perdu lorsque les juifs ont commencé à parler le yiddish et le ladino, des langues commerciales qui mélangent l'hébreu et les langues des pays d'Europe du Nord et de la Méditerranée dans lesquels ils vivaient.

Bien que l'hébreu écrit soit resté intact, nous ne pouvons pas être sûrs de la prononciation, car la langue hébraïque ne contient pas de voyelles. Sans voyelles, il n'est pas possible de reconstituer avec précision la langue parlée à partir du seul texte. Pour établir une norme de prononciation, les rabbins et les scribes juifs ont plus tard consulté les enregistrements grecs des écritures hébraïques qui contiennent des voyelles. Bien sûr, il n'y avait aucun moyen d'être sûr que la prononciation grecque des écritures juives reflétait exactement l'ancienne prononciation juive, mais c'était la seule option. Par conséquent, personne ne connaît vraiment la prononciation originale de YHVH en hébreu.

Bien que nous ne puissions jamais connaître la prononciation hébraïque originale de YHVH, nous pouvons avoir une idée des caractéristiques du divin à travers les caractères hébraïques qui composent le tétragramme. Il en est ainsi parce que le système de dénomination juif est censé refléter les caractéristiques de ce qui est nommé, et cette dénomination a été appliquée au tétragramme. Cela dit, les caractéristiques indiquées par le tétragramme donnent à toute personne qui comprend l'hébreu le sentiment que le tétragramme n'est pas réellement destiné à être compris intellectuellement.

Les lettres du tétragramme sont associées à la racine hébraïque du mot "existence". Traduit en général par "être". Ces significations reflètent la nature omniprésente du Témoin. On peut l'associer à l'affirmation "Je suis qui je suis", dans l'histoire de Moïse et du buisson ardent.

Dans Exode 3:14, Moïse demande à YHVH comment il doit répondre aux Israélites lorsqu'ils demandent quel Dieu l'a envoyé vers eux. YHVH lui répond qu'il doit leur dire "Je suis qui je suis", et que "Je suis celui qui m'a envoyé vers vous". Cette affirmation donne une impression de non-comparaison, comme s'il n'existait rien d'autre pour le comparer.

Le point clé ici est que les mots racines qui composent YHVH sont des indices de sa nature impersonnelle. Le considérer comme le nom personnel de Dieu est un profond malentendu. YHVH n'est pas un nom, mais plutôt une allusion à l'ineffable. Nous devrions également prendre soin de noter que ELOHIM n'est pas non plus un nom mais un terme généralisé pour les divinités. De même, notre terme "Dieu" est un substitut d'ELOHIM. Ni Dieu ni ELOHIM n'ont été conçus comme des noms.

Pour les juifs religieux modernes, le nom de Dieu est considéré comme trop sacré pour être prononcé et prononcer le tétragramme (YHVH) est blasphématoire. Pour éviter le blasphème, ils substituent généralement le mot "Adonaï", qui signifie "Seigneur", pour éviter de dire "Yahveh" ou "Yehovah". Mais les rabbins ultra-orthodoxes considèrent qu'Adonaï est trop saint pour être prononcé, aussi la pratique dans leurs communautés est de dire "Ha-Shem", qui signifie "Le Nom".

Considérez l'image qu'Adonaï (Seigneur) évoque dans votre esprit. Elle évoque l'image d'un roi, n'est-ce pas ? L'image semble tangible et personnelle. Cette idole mentale ne ressemble en rien à l'actualité de YHVH.

Ha-Shem (le nom) est également trompeur, car il suppose que Dieu est personnel et a un nom. Ces deux idées peuvent agir comme de fausses idoles qui privent l'individu qui les entretient de l'expérience directe de la Conscience pure.

Substituer Adonaï ou Ha-Shem au tétragramme est une longue tradition dans le judaïsme, mais je soupçonne que la raison originale de cette substitution a été perdue. La raison la plus couramment invoquée pour ne pas prononcer le nom provient du Deutéronome 5:11, qui est le troisième des dix commandements : "Tu ne prendras point le nom de l'Éternel, ton Dieu, en vain; car l'Éternel ne laissera point impuni celui qui prendra son nom en vain."

Je ne crois pas que le troisième commandement ait conduit à la règle interdisant de prononcer le tétragramme, car interdire l'utilisation occasionnelle du nom ne signifie pas la même chose que de ne pas l'utiliser du tout. Je soupçonne que l'incapacité à transmettre efficacement l'expérience de la Conscience pure a conduit à l'utilisation dogmatique d'Adonaï ou de Ha-Shem. Pour clarifier ce que je soupçonne être la raison initiale de ne pas prononcer le tétragramme, revenons sur l'expérience transcendante décrite au chapitre 2.

Pendant cette expérience mystique de la Conscience pure, toute tentative de ma part de la définir me semblait viscéralement fausse. Et toute tentative d'exprimer ces formulations était encore plus fausse. La seule pensée d'une définition a donné lieu à ce que je peux décrire comme d'être rabroué par le cosmos et mon propre corps. J'ai été laissé dans un silence cristallin.

Les expériences de Conscience pure peuvent varier en intensité. Plus l'expérience est intense, moins il reste le sentiment d'un moi personnel pour filtrer et définir mentalement l'expérience. Si l'intensité de l'expérience est si grande qu'aucun "vous" personnel ne semble exister dans l'expérience, il y aura une révélation indicible sans pensée. A des intensités plus faibles, le moi personnel peut encore être présent, conscient à un degré qui semble suggérer que vous pouvez nommer ou définir l'Infini. Ma référence à la Conscience pure dans ce chapitre désigne les expériences de haute intensité où le moi personnel est devenu mince ou inexistant.

Lors de ma première expérience de la Conscience pure, mon moi personnel semblait présent mais plutôt silencieux. La persistance de cette perspective personnelle explique pourquoi je me voyais séparé de la Conscience pure, alors qu'elle me disait que nous étions une seule et même chose. Revenons sur cette expérience au moment où j'ai essayé de la nommer ou de la définir, car la dénomination est particulièrement pertinente pour ce chapitre.

En raison du désir de transmettre l'expérience, je me suis senti obligé de trouver un indicateur de l'Infini, sans utiliser le mot chargé de sens "Dieu", qui évoque pour beaucoup de gens l'image d'un vieil homme barbu sur un nuage. Le fait que j'évite d'appeler la Conscience pure "Dieu" offense parfois les gens. Mon évitement de ce terme est bien raisonné et n'a jamais eu pour but d'offenser qui que ce soit. Je pense simplement que le terme Dieu est trop chargé d'associations improductives pour être utile de nos jours. Le fait d'éviter le terme "Dieu" n'offense pas la Conscience pure, car elle n'est pas égocentrique.

En ce qui concerne les significations associées, il me semble qu'il est fréquent que deux personnes n'aient pas les mêmes associations avec des mots courants, et encore moins avec le mot le plus chargé du langage humain – Dieu. Même si nos définitions mentales sont les mêmes, les sentiments qui sous-tendent ces définitions peuvent varier considérablement.

Pour faciliter la communication, j'ai essayé de trouver un terme pour décrire avec précision l'intégralité de la Conscience pure. Le meilleur terme auquel j'ai pu arriver était le moins défini. Il s'agit simplement de l'état d'être, sans qualificatif, et j'ai donc commencé à l'appeler diversement "Être ou "exister".

Plusieurs décennies plus tard, lorsque j'ai fait des recherches sur la signification du tétragramme (YHVH), j'ai été choqué de découvrir qu'il implique "Être" ou "Exister". Malheureusement, pour moi, ces mots, ainsi que "Être" ou "Exister", ne conviennent pas. Parce que l'Infini existe et est au-delà de l'existence simultanément, dire qu'il EST, ne transmet qu'une demi-vérité. En vérité, la Conscience pure transcende toute mesure et toute définition. La meilleure stratégie, à mon avis, était d'utiliser les mots les moins chargés, les moins trompeurs, même s'il s'agissait au mieux de demi-vérités. Il ne semble pas y avoir de solution parfaite. Avec cette ligne directrice en place, "Être" ou "Exister", devront faire l'affaire, car ce sont les plus proches que nous puissions obtenir avec le langage.

J'ai beaucoup apprécié le tétragramme lorsque je l'ai rencontré pour la première fois dans le cadre de mes recherches, en raison de sa signification implicite : "Être" ou " Exister ". Comme l'esprit est incapable de comprendre pleinement ces mots, j'ai vu clairement que le tétragramme n'était pas destiné à être pleinement compris. J'ai senti que le tétragramme était en parfait alignement avec les meilleurs mots que je pouvais choisir, "eÊtre" ou "Exister".

En ce qui concerne le tétragramme (YHVH), il est préférable de ne pas le considérer comme un nom, mais plutôt comme un indicateur de quelque chose qui défie les noms ou les descriptions précises. Aucun mot ne pourra jamais décrire véritablement sa nature. Il est sage d'être honnête quant aux limites de nos mesures, définitions et compréhensions, car même le Témoin ne comprend pas. Pour moi, tout nom appliqué à la Conscience pure est viscéralement inexact dans chaque cellule de mon corps. Ce puissant sentiment d'inexactitude est probablement partagé par quiconque a fait l'expérience complète. Je soupçonne que ce sentiment d'erreur associé à la tentative de définir la Conscience pure est à l'origine de la formation du tétragramme et de l'interdiction subséquente de le prononcer.

Imaginons qu'un chef religieux fasse directement l'expérience de la Conscience pure et dise ensuite aux gens que nommer ce phénomène est viscéralement mauvais. Ne pas nommer la Conscience pure devient alors une règle au sein de la religion. Si la raison de cette règle n'est pas suffisamment expliquée, aussi bien intentionnée soit-elle, la règle aura l'effet inverse de ce qui était prévu.

L'utilisation originale du tétragramme indiquait que l'Infini ne peut être compris ou défini intellectuellement. En fait, si pendant l'expérience vous essayez de le nommer ou de le définir, l'activité mentale stimule la disharmonie entre votre esprit et votre corps, ce qui peut diminuer la clarté de l'expérience ou vous en éloigner complètement. Il est utile de se souvenir de la ligne directrice fournie par le Psaume 46:10 : "Arrêtez, et sachez que je suis Dieu: Je domine sur les nations, je domine sur la terre."

La règle interdisant de prononcer YHVH donne lieu à des jugements sur soi ou sur les autres, ce qui crée une disharmonie inutile. Lorsque nous jugeons, nos cœurs se ferment, et cela alimente notre sentiment de séparation de l'Infini. L'effet involontaire de l'interdiction de prononcer ce mot semble donc produire l'exact opposé de l'intention derrière la règle originale, qui était vraisemblablement de rapprocher les gens de l'Infini.

Une fausse croyance connexe est centrée sur l'idée que l'Infini peut être offensé. Cette croyance rend les gens craintifs et nerveux, ce qui entraîne un sentiment encore plus grand de division par rapport à l'Infini. La Conscience pure n'est pas une perspective personnelle, elle ne s'offense donc de rien. Lorsque nous prenons en compte toute la dysharmonie que la règle provoque, il semble préférable d'écarter la règle et d'admettre que le tétragramme n'est pas un nom.

Quel que soit le mot que nous utilisons pour désigner l'Infini, en général, il est plus important de se rappeler qu'il n'y en a point d'autre. La Conscience pure est notre nature, que nous la percevions consciemment ou non. Pour en revenir au Psaume 46:10 : "Sois tranquille, et sache que je suis Dieu", chaque fois que vous voyez le tétragramme ou tout autre mot indiquant le fondement de l'être, vous pouvez vous arrêter et devenir vibrant de silence pendant quelques secondes. S'entraîner de cette manière est très utile.

En allant plus loin, la pratique d'un silence vibrant dans votre vie quotidienne peut révéler un sens de l'instant omniprésent qui peut être extrêmement transformateur dans votre vie. La clé est de faire une pause pour faire l'expérience de la présence vibrante de l'instant et de remarquer ce qui vous empêche d'entrer pleinement dans cette expérience. Si vous vous efforcez de corriger les blocages tout en pratiquant un silence vibrant, avec le temps, l'expérience devient plus accessible. Finalement, votre vie devient l'incarnation consciente de la présence vibrante.

Une personne qui fait l'expérience de la plénitude de la Conscience Pure est susceptible de percevoir une lumière blanche pure ou éventuellement dorée. Comme la perspective infinie est inclusive, notre cerveau la percevra probablement comme blanche. Il semble que la perception par le cerveau d'une lumière dorée lors d'expériences de Conscience pure provienne de l'association naturelle entre l'or et la pureté absolue. Je ne crois pas que la Conscience pure ait une couleur spécifique, mais le cortex visuel est susceptible de la percevoir en blanc ou en or. Au niveau du ressenti, en raison de son ouverture totale, l'expérience de la Conscience pure serait une clarté vibrante et présente, un amour enveloppant, une acceptation totale et un sentiment de plénitude parfaite.

Bien qu'il soit assez rare qu'un humain fasse l'expérience de la Conscience pure, ceux qui y parviennent ont tendance à souhaiter pouvoir y vivre éternellement. Lorsqu'ils reviennent à une conscience normale, la plupart de ces individus consacrent le reste de leur vie à essayer d'y revenir, de la comprendre ou de partager des chemins qui aident les autres à en faire l'expérience.

Le prodigieux romancier russe Fiodor Dostoïevski, qui souffrait de crises épileptiques, faisait souvent l'expérience de ce qui ressemble à la Conscience pure juste avant le début d'une crise intense. Dostoïevski a décrit ses crises extatiques à travers l'un de ses personnages, le prince Mychkine, dans *L'Idiot* : "Je me sens en complète harmonie avec moi-même et avec le monde, et ce sentiment est si fort et si doux que pour quelques secondes d'une telle félicité, on donnerait dix ans de sa vie, voire toute sa vie."

J'ai ressenti la même chose en faisant l'expérience de la Conscience pure pour la première fois. S'il était possible de mettre en bouteille la Conscience pure et de la donner, j'aurais passé ma vie dans une usine de mise en bouteille. Maintenant, je réalise que ce n'est pas le cas. La plupart des gens, s'ils savaient ce qu'ils devraient sacrifier à travers cette expérience, ne la boiraient pas. D'autres encore étiqueteraient ceux qui en boivent comme des drogués, et très vite, il y aurait des lois contre cela. Les gens trouvent des myriades de moyens d'éviter la Conscience pure.

Le point clé à garder à l'esprit est que nous n'avons aucun moyen de comprendre intellectuellement la Conscience pure, mais nous pouvons la ressentir. On peut en faire l'expérience. Et peu importe le nombre d'erreurs que vous commettez dans votre vie, il est utile de savoir que vous ne pourrez jamais dire ou faire quoi que ce soit qui puisse offenser l'Infini, car il ne vous considère pas comme séparé de lui-même.

Voici un exercice sain que je vous recommande de pratiquer quelques minutes par jour. Installez-vous confortablement et fermez les yeux. Imaginez qu'en dessous ou derrière votre perception du monde, une brillante lumière blanche unifie tout et tous dans un amour inconditionnel.

Ne réfléchissez pas trop à cet exercice. Ne faites aucun effort pour analyser ou transformer cette pratique en une philosophie ou une idéologie. Au contraire, permettez-vous d'être innocent comme un jeune enfant pendant cet exercice. Imaginez l'Univers tout entier rayonnant d'un amour chaleureux et enveloppant. Imaginez que votre corps est également imprégné de cette lumière. Relâchez tout jugement à l'égard de vous-même, de votre corps, des autres (y compris vos ennemis) et de l'Univers. Soyez dans l'amour autant que vous le pouvez pendant quelques minutes chaque jour.

Avec de la pratique, vous pourrez le faire les yeux ouverts, mais pour beaucoup de gens, il est plus facile de commencer les yeux fermés. Vous pouvez essayer les deux façons de faire chaque jour pour entraîner le cerveau à être flexible.

Chapitre 14

L'Esprit universel

Dans le chapitre 13, nous avons abordé la Conscience pure, ou la perspective infinie du Témoin. Dans ce chapitre, nous allons explorer le potentiel du mental au sein du Témoin. L'esprit du Témoin a de nombreuses qualités en commun avec l'esprit humain, que nous examinerons plus tard. Par la suite, pour éviter toute confusion quant à l'esprit auquel je fais référence, j'appellerai l'esprit du Témoin l'*Esprit universel*.

L'Esprit universel est la perspective à travers laquelle le Témoin projette les hologrammes en forme de tore décrits au chapitre 3. Dans ce chapitre, je vais développer les expériences mystiques du chapitre 2 (L'infini) et du chapitre 3 (Le visage de Dieu) afin d'approfondir notre compréhension de la nature de l'Esprit universel.

Vous vous souvenez peut-être du chapitre 3 (Le visage de Dieu), où je me sentais confus quant à la façon don't l'Infini ne voyait aucune différence entre moi et lui-même. Moi, par contre, je ne pouvais pas me voir comme étant lui. Je me suis demandé comment je pouvais avoir une identité séparée et ne pas être conscient de ma véritable nature, qui est Infinie. J'ai reçu la réponse, mais je n'ai compris que plusieurs décennies plus tard. Voici ce qui m'a été montré et que je n'ai pas transmis dans le chapitre 2 ou le chapitre 3.

En m'interrogeant sur cette énigme, mon attention a été dirigée vers un minuscule espace nuageux qui ressemblait à une nébuleuse, un amas de nuages interstellaires éclairés par la lumière des étoiles. Mon esprit a zoomé sur cette formation semblable à une nébuleuse et a vu son fonctionnement. En zoomant, j'ai pu voir qu'à l'intérieur de la Conscience pure se trouve la possibilité de l'Esprit universel, ou cet espace nuageux semblable à une nébuleuse. L'Esprit universel peut être compris comme la possibilité pour la Conscience pure de jouer un jeu avec elle-même, en s'imaginant à travers des définitions égales et opposées, l'une positive et l'autre négative, comme je l'ai décrit au chapitre 3.

L'Esprit universel existe comme un courant de conscience qui projette spontanément des idées interdépendantes et opposées sur sa nature. Pour vous donner une idée de ce que j'ai vu, imaginez ce que nous voyons de notre galaxie, grâce au télescope Hubble, plus d'étoiles qu'il n'y a de grains de sable sur toutes les plages de notre planète. Et nous savons aussi qu'il y a des galaxies au-delà de la Voie lactée aussi abondantes que les étoiles de notre galaxie. J'ai vu des univers tout aussi abondants, naissant et mourant, naissant et mourant, sans fin. Tout cela m'a été montré en quelques minutes seulement.

La principale différence entre la Conscience pure et l'Esprit universel, de mon point de vue, est que la Conscience pure est totalement centrée et claire, alors que l'Esprit universel est, faute d'un meilleur terme, excité dans son jeu. L'Esprit universel projette spontanément les concepts qu'il explore. Chaque projection contient les essences de l'Esprit universel et de la Conscience pure. L'esprit au sein de chaque projection explore sa nature, cherchant à se comprendre de manière ludique. De cette façon, chaque projection crée des projections dérivées qui sont des extrapolations de la projection mère. Avec chaque progéniture, l'esprit commence à perdre la trace de sa base dans la Conscience pure, ce qui entraîne un manque de clarté, qui provoque la nébulosité que l'on m'a montrée.

La Conscience pure et l'Esprit universel sont tous deux des expériences merveilleuses et impressionnantes. Tous deux sont véritablement incommensurables, mais l'Esprit universel, en extrapolant à chaque génération, perd progressivement l'attention à sa nature incommensurable et aime jouer avec ce qui semble mesurable. Avec l'évanouissement progressif de l'attention contextuelle, le désir de définir l'indéfinissable et de mesurer l'incommensurable s'accroît.

Les deux potentiels ou aspects du Témoin, la Conscience pure et l'Esprit universel, correspondent aux modes de vision de nos yeux. La vision périphérique prend en compte l'ensemble du champ visuel pour avoir une vue d'ensemble, mais elle ne permet pas de voir les détails fins. La vision fovéale est focalisée et capable de voir dans les moindres détails, mais elle manque d'attention contextuelle. La Conscience pure a une attention périphérique, ce qui signifie qu'elle voit tout le potentiel. L'Esprit universel, quant à lui, perd cette attention périphérique lorsqu'il s'implique davantage dans le jeu des possibilités spécifiques.

L'Esprit universel, par rapport à la lumière brillante de la Conscience pure, est sombre. La nature de l'Esprit universel est de projeter des spéculations sur lui-même. L'auto-définition obscurcit l'Esprit universel, ce qui conduit à encore plus de projections sur sa nature.

L'Esprit universel est un système de mouvement perpétuel, entièrement contenu et économe en énergie. À travers ses nombreuses couches de projections, l'Esprit universel se perd dans l'auto-définition, tout comme vous avez tendance à le faire dans vos rêves. Le résultat est une boucle perpétuellement récurrente, le tore.

En lisant ceci, vous pourriez penser que l'expérience de l'Esprit universel est désagréable, mais c'est le contraire. L'Esprit universel est un état orgasmique d'exploration innocente de soi. Le Témoin s'amuse ! Et de son point de vue, tout est très, très bien.

L'Esprit universel est la mémoire, et la mémoire est la perception du temps. Le temps est l'histoire de la vie. La Conscience pure ne s'identifie pas à l'histoire de la vie, ce qui signifie qu'elle n'est pas liée par le temps. La Conscience pure est le moment éternel.

En résumé, l'Esprit universel projette un flux spontané de spéculations interdépendantes et opposées sur sa nature. Elles sont toujours dualistes car les projections ne peuvent être perçues sans des projections égales et opposées. Un tore est généré à partir de la tension entre les deux forces opposées. L'Esprit universel fait l'expérience d'un rêve de réalité lorsqu'il explore les projections de sa nature.

Tous les hologrammes de l'Esprit universel (ce que nous percevons comme la réalité) contiennent trois forces communes. La première est le désir apparent d'explorer la nature du soi. La deuxième est l'instabilité et l'excitation que ce désir provoque. La troisième est la compulsion à trouver l'équilibre dans un système en perpétuel changement. Ces trois forces stimulent un jeu universel de chaises musicales, où les projections au sein de l'Esprit universel cherchent sans cesse à comprendre le soi, mais ne le trouvent jamais, car la vérité du moment présent ne peut jamais être pleinement comprise. L'Esprit universel continue joyeusement à jouer.

Grâce à d'infinies générations d'extrapolation, l'Esprit universel fait l'expérience de détails saisissants. Comme les détails deviennent de plus en plus vivants, étendus et apparemment personnels, l'Esprit universel a tendance à se laisser emporter dans ses rêves, croyant qu'il s'agit de ses projections. L'expérience d'un être humain représente l'état d'esprit capturé. Lorsqu'il est absorbé de cette façon, l'Esprit universel croit qu'il est une personne (un esprit avec un petit "e") qui est en quelque sorte séparée de tout le reste.

La projection ludique des opposés alimente la génération d'autres générations d'exploration dans l'esprit d'un être humain. Sans ces projections de votre esprit, vous ne pourriez pas voir, ni bouger, ni fonctionner de quelque manière que ce soit dans l'hologramme que nous considérons comme la réalité. Vos pensées sont toutes des projections duelles interdépendantes qui peignent une carte plus ou moins fonctionnelle de votre réalité sensorielle accessible. Vous êtes l'image et la ressemblance du Témoin. Il n'y en a point d'autre.

L'expérience de l'Esprit universel ne devient désagréable que lorsqu'il explore la conscience de soi à travers des formes de vie comme les êtres humains. Comme les humains sont l'incarnation du Témoin, nous pourrions nous rappeler que tant que le désir d'identifier et de croire en nos définitions du soi persiste, notre esprit n'a pas le choix : il définit, il oppose, et il se perd. Se perdre peut être très amusant, mais cela peut aussi conduire à une souffrance compulsive qui tourne en rond en essayant de définir et de contrôler ce qui est au-delà de la définition et du contrôle.

Un exercice sain que vous pourriez appliquer activement tout au long de votre journée consiste à remarquer chaque fois que vous

vous étiqueter comme étant ceci ou cela. Les étiquettes les plus évidentes sont celles que vous vous attribuez comme étant "bon" ou "mauvais", mais toute étiquette à laquelle vous vous identifiez vraiment, comme votre titre de travail, votre position sociale ou économique, votre valeur, etc. mérite une attention particulière. Il est tout aussi important de noter une résistance à toute étiquette contre laquelle vous vous identifiez fortement, comme "je ne suis pas un menteur" ou "je ne suis pas avare". Le maintien de telles étiquettes peut être très limitatif et empêcher une amélioration saine de la vie.

Vous pourriez également prendre note des cas où vous enfermez les autres dans des étiquettes. C'est si facile à faire. Lorsque nous croyons que les autres sont les étiquettes que nous leur avons psychiquement attachées, il devient très difficile pour ces personnes de se libérer sans rompre la relation. Libérez-les en ne croyant pas aux étiquettes. Dans votre cœur, vous pouvez même ignorer les étiquettes qu'ils s'appliquent à eux-mêmes.

Le but de cet exercice est de reprendre contact avec votre nature essentielle, indéfinie, petit à petit au cours de votre journée. Lorsque vous remarquez qu'une étiquette surgit dans votre esprit, prenez-en note et rappelez-vous qu'en essence vous *n'êtes aucune chose* particulier. Accordez-vous un moment pour ressentir ce que c'est que d'être sans aucune pensée. Même quelques secondes par-ci par-là peuvent aider.

Bien sûr, si vous appréciez toujours votre jeu d'auto-définition, vous pouvez continuer à jouer. Si vous préférez une autre voie, vous pouvez commencer à pratiquer le non-étiquetage. Quel que soit votre choix, tout va bien.

Chapitre 15

L'Esprit-Saint

Dans les chapitres 13 et 14, nous avons décodé les significations de YHVH et d'ELOHIM de la manière la plus détaillée possible. En raison de leur nature incommensurable, toute description ne peut être au mieux qu'une demi-vérité. Cela dit, même une demi-vérité, tant que nous restons conscients qu'il s'agit d'une demi-vérité, peut suffire à déclencher une puissante transformation dans nos vies et nous ouvrir à une plus grande expérience de l'unité. Pour aller plus loin dans notre compréhension, nous devons décoder une autre perspective du Témoin, l'Esprit-Saint.

L'Esprit-Saint, autrement connu sous le nom d'"esprit d'ELOHIM", apparaît pour la première fois au début de Genèse 1. Pour faire le lien avec ce sens de l'Esprit-Saint, il est utile de considérer Genèse 1 comme une explication allégorique anthropomorphisée du processus de rêve d'ELOHIM à travers les forces opposées interdépendantes de l'existence, de la non-existence, des ténèbres et de la lumière, du jour et de la nuit.

(Bere'sheet)

Au commencement[2] d'ᶠELOHIM[3] créant les cieux et la terre
– **2** et la terre était[4] ésolation et vide ; et les ténèbres *étaient*
sur *la* faceᴾ de *l'*abîme, et l'esprit[5] d'ELOHIM planait[6] sur la
faceᴾ des eaux – **3** et ELOHIM dit : "Que la lumière soit" ;
et la lumière fut. **4** Et ELOHIM vit la lumière, et *elle était*
bonne ; et ELOHIM sépara la lumière et les ténèbres. **5** Et
ELOHIM appela la lumière "jour", et il appela les ténèbres
"nuit". Et il y eut un soir, et il y eut un matin – le premier
jour.

Au départ, en "créant" les cieux et la terre, il y a la désolation, le
vide et l'obscurité dans les profondeurs. Ces descriptions
représentent l'espace vide d'où jaillit le rêve de la "réalité
objective". Le ciel et la terre représentent le début du processus de
rêve, où une juxtaposition mentale émerge entre le "ciel" et la
"terre". Ce chapitre explique le mystère de l'Esprit-Saint de trois
façons : en le reliant au concept de la Parole de Dieu ("Logos") tel
qu'il est mentionné dans Jean 1:1, tel qu'il m'a été montré dans le
cadre d'une expérience mystique et en rapport avec les

---

[2] Lit "A *la* tête de", Heb Bere'sheet cette construction grammaticale est une phrase
temporelle signifiant, Quand d'abord...", voir Jer 26:1 où la même forme se
produit. Elle présente "l'état des choses" lorsque l'activité créatrice commence.

[3] ELOHIM est un nom pluriel, mais fonctionne souvent comme un singulier
collectif, prenant un verbe singulier. Il est lié aux termes hébreux : "eloah" et "el" ,
qui signifient Dieu, dieu, puissance ou puissant, et peut signer des juges et des
dirigeants, des êtres célestes, les dieux des nations ou le Dieu unique d'Israël.

[4] Ou est devenu".

[5] Heb *ruach*, lit "vent", voir Gn 7:1.

[6] C'est-à-dire "vaciller" ou "trembler", voir Deut 32:11 ; Jer 23:9, les deux seuls
autres endroits où ce verbe est utilisé, toujours sous une forme intensive (Piel).

découvertes scientifiques actuelles de l'Univers. Examinons d'abord Jean 1:1.

> **1** Au commencement était la Parole, et la Parole était avec Dieu, et la Parole était Dieu. **2** Elle était au commencement avec Dieu. **3** Toutes choses ont été faites par elle, et rien de ce qui a été fait n'a été fait sans elle. **4** En elle était la vie, et la vie était la lumière des hommes. **5** La lumière luit dans les ténèbres, et les ténèbres ne l'ont pas vaincue.

Lorsque j'ai reçu la vision que j'appelle affectueusement "Le visage de Dieu" (chapitre 3), j'ai été stupéfait par l'inimaginable positivité pure qui semblait vibrer du Témoin alors qu'il projetait les polarités des possibilités qui sont les tores que nous percevons comme la réalité. Vous remarquerez que dans l'introduction de Genèse 1, il est dit que "l'esprit d'ELOHIM planait sur la surface des eaux". Si vous regardez la note du docteur Tabor pour "planer", vous verrez que les autres significations du mot "planer" sont "flotter" ou "trembler". Ce flottement ou cette secousse est une vibration au-dessus de la face du tore.

La meilleure façon de décrire cette vibration est de la comparer à un chant d'éternelle louange d'amour qui s'échappait du centre comme d'interminables anneaux concentriques dos à dos qui se déplaçaient à la surface du tore comme un grand vent sur un champ de hautes herbes. Témoin de ce phénomène, j'ai compris que l'essence de l'Esprit-Saint et la *Parole de Dieu* étaient une seule et même chose. Jean 1:1 commence par "Au commencement était la Parole, et la Parole était avec Dieu, et la Parole était Dieu."

Examinons de plus près ces mots, qui commencent par une référence à *bere'sheet*, un mot hébreu généralement traduit par "Au commencement". Bere'sheet est le titre du premier livre de la Bible hébraïque et est écrit au début de la première phrase de la Bible hébraïque. Cette répétition fait allusion à son importance.

Bere'sheet est l'Alpha et l'Omega, le début et la fin. En tant que titre, Bere'sheet est traduit par "Genèse". Il est clair que le mot bere'sheet est essentiel pour acquérir une compréhension fonctionnelle non seulement de ce chapitre, mais aussi de Genèse 1-3, de la réalité et de notre propre nature, du moins dans la mesure où ces choses peuvent être comprises.

Si vous avez une compréhension suffisamment profonde de la signification intemporelle du bere'sheet, vous reconnaîtrez rapidement les zones de la sainte Bible qui s'égarent, tout comme vous verrez rapidement les zones en vous et dans votre vie qui s'égarent.

Bere'sheet est composé de deux mots hébreux, *Bet* (ב) et Roshe (ראש). La combinaison a un certain nombre de significations possibles, qui permettent potentiellement à notre esprit de sélectionner des significations qui ne sont pas en accord avec le principe. *Bet* est une préposition générale passe-partout qui peut signifier "dans", "chez", "avec", "parmi", "pendant", "par", etc. La racine du mot Roshe est composée des lettres hébraïques : Resh, Alef, et Shin. Roshe, tel qu'il est couramment utilisé, signifie *début* ou *tête*. Lorsque nous consultons la Concordance et le Lexique de Strong, la source de référence pour la recherche sur l'hébreu biblique, nous trouvons les informations suivantes :

rô'sh, roshe ; d'une racine inutilisée signifiant apparemment secouer ; la tête (facile à secouer), au sens propre ou figuré (dans de nombreuses applications, de lieu, de temps, de rang, etc.):–bande, début, capitaine, chaperon, chef (de lieu, d'homme, de choses), compagnie, fin, × tout (homme), excellent, premier, premier plan, tête, hauteur, (sur) haut

(partie la plus élevée, (prêtre)), × chef, × pauvre, principal, dirigeant, somme, sommet.
https://www.blueletterbible.org/lexicon/h7218/kjv/wlc/0-1/
[Source française:
https://www.lueur.org/bible/version/segond-strong]

Comme vous pouvez le constater, l'hébreu est une langue complexe dans laquelle un mot racine peut avoir de nombreuses significations connexes possibles. Une telle complexité facilite la mauvaise compréhension d'un sens voulu. Pour limiter autant que possible les malentendus, j'utiliserai trois guides pour les canaliser : les définitions hébraïques réelles selon la Concordance et le Lexique de Strong, les expériences mystiques de l'Infini, et les découvertes scientifiques pertinentes.

Parce que la Genèse, jusqu'à présent, a été interprétée à travers le prisme du temps, "Au commencement" est la traduction traditionnelle. Si nous supprimons le temps de l'équation, nous devons envisager d'autres significations possibles pour déterminer lesquelles, le cas échéant, correspondent au code.

De nombreux lecteurs pourraient penser que "le plus haut" fonctionnerait, mais ce n'est pas le cas, car *le plus haut* est une déclaration comparative qui ne correspond pas à "il n'y en a point d'autre". Rappelez-vous, il faut être deux pour comparer. Qualifier l'Infini de "plus élevé" revient à juger tout le reste comme inférieur à lui, ce qui est la perspective erronée d'Adam et Ève dans Genèse 3.

Notre esprit a tendance à considérer l'Infini comme étant au-dessus de nous, précisément parce que nous nous sommes jugés impies, comme Adam et Ève. Pour éviter de tomber dans ce piège, gardons comme guide la perspective du Témoin, qui est "tout est un, tout est bon, tout est Dieu".

Maintenant que nous avons exclu "le plus haut", examinons d'autres traductions possibles pour voir ce qui pourrait fonctionner. Heureusement, le code nous donne des directives claires pour notre sélection. Puisque nous nous référons à la perspective non duelle de la Conscience pure, qui est libre de tout temps, lieu ou rang, nous devons nous débarrasser de toute signification comparative.

Cette simple clarification exclut tous les sens, à l'exception de *trembler* et *tête*. Si nous pensons à *tête* comme *source*, comme les *eaux de tête*, cela fonctionne. *Trembler* correspond également à la première phrase où il est dit qu'ELOHIM plane ou tremble au-dessus de la surface des eaux. Si vous observez la note du docteur Tabor pour bere'sheet, vous verrez ce qui suit :

> Lit "A *la* tête de", Heb *Bere'sheet* cette construction grammaticale est une phrase temporelle signifiant, "Quand d'abord ...", voir Jer 26:1 où la même forme se produit. Elle présente "l'état des choses" lorsque l'activité créatrice commence.

Au lieu d'une déclaration temporelle, comme c'est le cas traditionnellement, considérons "l'état des choses" comme une référence intemporelle. Vu de cette façon, cela fonctionne. Quoi qu'il en soit, comme bere'sheet et genèse sont utilisés, cela transmet clairement la source vibrante. Secouer, c'est vibrer. Cette vibration est le "chant" éternel de la louange que j'ai mentionné précédemment.

Si nous traduisons *Bet* par "à" et *Roshe* par "tête tremblante", nous obtenons "À la tête tremblante", que nous pouvons considérer au sens figuré comme la source vibrante ou tremblante omniprésente de l'existence. Si nous devions substituer ces significations, l'ouverture de Genèse 1:1-2 ressemblerait à ceci : " À la <u>source tremblante</u> d'ELOHIM créant les Cieux et la terre – et la terre n'était que désolation et vide ; les ténèbres *étaient* sur *la* face de *l'*abîme, et l'esprit d'ELOHIM <u>tremblait</u> sur la face des eaux."

Comme nous avons déjà discuté de l'étymologie de bere'sheet et des expériences mystiques pertinentes, portons notre attention sur la science. Selon ce que la science a révélé, l'Univers est un champ vibrant d'énergie qui remonte au Big Bang. L'énergie vibre. La lumière vibre. Le son vibre. Les atomes vibrent. Même les ondes cérébrales que nous associons aux états de conscience vibrent. Les étoiles et les planètes résonnent de vibrations.

Pour vous faire une idée des vibrations cosmiques, vous pouvez faire une recherche sur Internet sur "Symphony of Stars: The Science of Stellar Sound Waves | NASA." Vous pourrez ainsi écouter l'Univers vibrer. C'est impressionnant.

Comme vous pouvez le constater, "À la source tremblante" correspond aux trois guides établis ci-dessus : les caractères hébreux originaux, l'expérience mystique et la science. Les anciens sages ont compris et la science vérifie maintenant que tout vibre et résonne, même l'espace. Cette vibration est la louange d'amour du Témoin, ou autrement dit, de l'Esprit Saint. La vibration s'éloigne du centre du tore comme un grand vent qui souffle sur l'herbe en vibrant dans le rêve de la réalité.

Les chrétiens pensent que la "Parole de Dieu" de Jean fait référence à Jésus de Nazareth, qu'ils appellent "Christ, celui qui a été oint par Dieu". Bien que cela puisse être le cas ou non, la signification de la Parole de Dieu est beaucoup plus large et peut être considérée d'une autre manière qui peut être plus révélatrice et utile à tous, même aux personnes qui ne s'identifient pas au christianisme.

La Parole de Dieu est l'Esprit de Dieu qui remplit l'Univers de vie. Elle est, par essence, la Conscience dans l'Esprit, ce qui est une autre façon de dire que la Parole de Dieu est la vibration de YHVH ELOHIM.

> "En elle était la vie, et la vie était la lumière des hommes. La lumière luit dans les ténèbres, et les ténèbres ne l'ont pas vaincue." (Jean 1:4-5).

L'obscurité est l'esprit. La lumière illumine le mental. La genèse de la "réalité objective" est l'esprit dans la conscience et la conscience dans l'esprit, le chaos dans l'ordre et l'ordre dans le chaos. C'est la Loi. C'est la vie.

Les êtres humains peuvent faire l'expérience de l'Esprit-Saint, et lorsqu'il "vient sur vous", comme le décrivent souvent les Évangiles, cette expérience peut avoir des effets spectaculaires sur le corps et l'esprit. J'ai décrit cet effet au chapitre 1 comme suit : "Le rêve était exactement le même que d'habitude, mais de façon inattendue, à l'instant où je me réveillais toujours, le moment où Jésus demande de l'aide pour la deuxième fois, une poussée d'énergie a rempli mon corps, m'ancrant dans le rêve."

Cette montée d'énergie est l'expérience de l'Esprit-Saint. C'est comme si la lumière soufflait en vous. En cherchant la signification hébraïque de "l'esprit de Dieu", on trouve ce qui suit : Ruach (רוּחַ) signifie diversement "vent", "esprit" ou "souffle". ELOHIM peut signifier "grand" ou "dieu"... Ainsi Ruach ELOHIM (l'esprit de Dieu) peut aussi être interprété comme "le vent de Dieu" ou "le souffle de Dieu".

Vous remarquerez que le processus de création dans Genèse 2 se fait par le souffle de Dieu. Pour rappel, le passage est le suivant : "et YHVH ELOHIM façonna la créature du sol – de la poussière du sol – et il souffla dans ses deux narines un souffle de vie ; et la créature du sol devint un être vivant qui respire la vie."

Être rempli de l'Esprit-Saint a tendance à avoir un certain nombre d'effets puissants sur l'individu. L'un des effets possibles est que vous vous sentez puissamment ancré, de sorte que si vous êtes debout à ce moment-là, vous pouvez avoir l'impression que vos pieds sont soudés au sol, ou que l'énergie peut pousser votre corps à faire quelque chose de particulier. Un autre effet courant est la sensation d'être rempli d'une lumière intérieure brillante. Cette lumière apporte une clarté qui dépasse de loin les idées normales de clarté mentale ou émotionnelle. Enfin, l'expérience d'être rempli de l'Esprit-Saint donne souvent lieu à de puissantes expériences mystiques, révélatrices ou perspicaces. Quelle que soit l'expérience qui accompagne le fait d'être rempli de l'Esprit-Saint, il est préférable de ne pas se sentir spécial à cause d'elle. Tirez-en les leçons et laissez-la partir, sinon vous serez piégé par l'arrogance.

Une personne qui n'a pas vécu de telles expériences peut penser qu'elles indiquent un trouble psychiatrique. Les troubles psychiatriques, cependant, sont profondément différents des expériences de l'Esprit-Saint. L'expérience de l'Esprit-Saint produit de la clarté, une meilleure fonctionnalité et des résultats sains, alors que les troubles psychiatriques ont souvent l'effet inverse.

Bien que cela soit contre-intuitif au début, il est utile d'être conscient que l'Esprit-Saint réside toujours en nous, bien que nous en soyons généralement inconscients. Lorsqu'il se révèle, on peut avoir l'impression qu'il vient de l'extérieur, mais ce n'est pas ce qui se passe réellement. Cela donne seulement l'impression d'être quelque chose d'autre que vous parce que, lorsqu'il inonde le corps, il vous est étranger. Lorsque l'Esprit-Saint s'exprime suffisamment dans le corps, ce qui signifie que le sentiment que vous êtes une identité séparée disparaît, il y a une clarté vibrante, une plénitude, et la réalisation que vous n'avez toujours fait qu'un avec l'Esprit-Saint au fond.

La question que vous vous poserez probablement après avoir fait l'expérience de l'Esprit-Saint est de savoir comment le retrouver. Nous aborderons cette question dans le prochain chapitre. Ce qu'il faut retenir de ce chapitre, c'est que la Conscience pure, l'Esprit universel et l'Esprit-Saint sont trinitaires, c'est-à-dire trois aspects d'une même chose. Cet être trinitaire, c'est vous, moi, l'Univers entier et au-delà. Il n'y en a point d'autre.

Voici une pratique de base qui tire parti d'une autre signification de logos, qui est une "parole vraie". Une grande partie de notre disharmonie intérieure résulte simplement du fait que nous sommes malhonnêtes avec nous-mêmes et avec les autres. Pratiquer le logos, c'est ajuster nos paroles et nos pensées afin d'être plus alignés et plus vrais dans notre cœur.

Pour être honnête, il semble beaucoup plus facile de savoir quand nous ne sommes pas vrais que quand nous sommes vrais, car la vérité peut être difficile à cerner. Ainsi, avec cet exercice, remarquez toutes les pensées et le langage que vous utilisez qui ne correspondent pas à la façon dont vous penseriez et parleriez si vous aimiez, faisiez confiance et souteniez vraiment la plénitude de votre être.

Vous trouverez ci-dessous une courte liste de pensées et d'expressions qui nous éloignent de l'expression la plus complète de notre vraie nature :

Auto-dépréciation (habituelle)	Commérage
Auto-glorification	Curiosité malsaine
Approbation par lâcheté	Manipulation émotionnelle
Auto-victimisation	Méchanceté
Certitude	Minimiser la responsabilité

Négligence

Ne pas tenir sa parole

Plainte inefficace

Positionnement social

Promesses occasionnelles

Rancœur

Des mensonges blancs inutiles

Domination

Éviter la responsabilité

Flatterie

Haine

Je te l'avais dit!

Lenteur

Rationalisation des désirs

Recherche d'approbation

Recherche d'attention

Se plaindre

S'identifier à une idéologie

Supposer des motivations

Tromperie

Vantardise

Chapitre 16

Vous

"Les pharisiens demandèrent à Jésus quand viendrait le royaume de Dieu. Il leur répondit: Le royaume de Dieu ne vient pas de manière à frapper les regards. On ne dira point: Il est ici, ou: Il est là. Car voici, le royaume de Dieu est au milieu de vous."

–Jésus (Luc 17:20-21)

Si vous avez suffisamment développé le "regard pour voir", vous remarquerez plusieurs indices sur la nature du royaume de Dieu cachés dans la citation ci-dessus. Le royaume de Dieu, également appelé *royaume des Cieux*, est le paradis métaphorique décrit comme le Jardin d'Éden dans Genèse 2.

En hébreu, "Éden" est le nom d'un lieu ou d'une région et signifie "plaisir" ou "félicité". Le Jardin d'Éden en hébreu est appelé "Gan Éden". Comme Jésus était juif et s'adressait à des compatriotes juifs, Gan Éden est ce que Jésus aurait voulu dire par le royaume de Dieu. Veuillez considérer la citation de Luc ci-dessus pendant un moment avant de poursuivre la lecture pour explorer ses significations cachées.

Remarquez que Jésus fait référence au royaume de Dieu comme venant et comme étant au milieu du peuple simultanément. Comment peut-il venir et être au milieu d'eux en même temps ?

La venue du royaume de Dieu fait référence au potentiel des gens à s'ouvrir à l'Éden qui est en eux. Mais ce n'est pas tout ce que cela signifie, car le royaume qui existe à l'intérieur peut aussi faire référence à Jésus lui-même, ou à toute personne présente qui était un exemple vivant d'un cœur pleinement ouvert. Le message caché est que le royaume de Dieu, l'Éden, est à l'intérieur *et* tout autour. Pour en faire l'expérience, il suffit d'ouvrir son cœur à la totalité de la vie. Mais pour ce faire, vous devez d'abord vous ouvrir pleinement à vous-même, ce qui signifie ouvrir pleinement votre cœur au serpent qui est en vous.

Le serpent dans le Jardin n'est pas une erreur, ni un mal. Le serpent est la conscience de soi, une capacité sans laquelle nous, singes nus, ne pourrions pas survivre. L'arbre de la connaissance du bien et du mal représente la connaissance, l'identité, la logique, la raison et le jugement moral. L'arbre de vie représente l'état d'équilibre éveillé où l'on a la capacité d'identité, de logique, de raison et de discernement, mais où l'on n'est plus capturé par ces forces.

Le royaume des Cieux se révèle à nous lorsqu'il existe un équilibre entre l'Esprit universel et la Conscience pure au sein de l'être humain, où l'instinct, la perception détaillée et une attention contextuelle bien ancrée se soutiennent mutuellement. Nous sommes alors éveillés.

L'observation de Jésus selon laquelle le royaume des Cieux existe en nous a trois significations liées. Premièrement, qu'il est en train de venir, ce qui indique le potentiel d'une réalisation future. Deuxièmement, que le royaume de Dieu est ici, à travers Jésus consciemment. Et troisièmement, le royaume est ici, à travers chaque individu, inconsciemment. Le Jardin d'Éden a toujours été en nous et sera toujours là. L'expérience ressentie de l'Éden arrive à ceux qui s'éveillent à ce fait dans leur vie quotidienne.

En gardant à l'esprit notre potentiel d'harmonie dans la vie, retraçons l'ensemble du processus du Témoin, alors qu'il oublie sa nature holistique, fait l'expérience du rêve de lui-même en tant qu'être humain, et devient lucidement attentif à sa véritable nature dans l'expérience de l'être humain.

Pour transmettre l'aspect humain de cette histoire, je vais devoir l'expliquer à travers la perspective du temps. Veuillez admettre qu'il n'y a pas d'autre moyen d'expliquer ce processus, car le temps est la façon dont les humains expérimentent la vie. Vous pouvez garder à l'esprit que tout ce qui est décrit est en fait intemporel du point de vue de l'Infini.

Depuis sa perspective ouverte, la Conscience pure voit toutes les possibilités et reconnaît, face à toutes les formes et expressions possibles, qu'il n'y en a point d'autre. La Conscience pure est témoin de toutes les potentialités simultanément. Grâce à cette vision totale, elle ne se laisse pas enfermer dans une perspective particulière.

En raison de sa conscience globale, elle peut être comparée à une lumière blanche brillante. Lorsqu'un humain fait l'expérience de la perspective holistique de la Conscience pure, il ressent une beauté et un amour dépassant toute imagination. Les mots ne peuvent s'approcher de cette expérience. Ces personnes se souviendront probablement de l'expérience de la Conscience pure comme l'une des plus (ou la plus) significatives de leur vie, et nombre d'entre elles commenceront à consacrer leur vie au partage de cette perspective.

L'Esprit universel représente le potentiel de l'Infini à réduire son attention à un ensemble spécifique de possibilités, à une identité spécifique, par exemple. Tout comme fermer les yeux a pour effet de bloquer la lumière, l'expérience est celle de l'obscurité. Lorsque l'Esprit universel réduit son attention de cette manière, l'obscurité déclenche un état de rêve que nous ressentons comme une réalité. Par sa recherche, l'Esprit universel projette des idées opposées de lui-même, tant positives que négatives. Les forces doubles de l'ordre et du chaos se combinent pour créer l'hologramme de la réalité, le rêve de la vie, le rêve de vous.

Au fur et à mesure que le Témoin rétrécit son attention par des extrapolations progressives sur les potentiels projetés, il perd de plus en plus la notion de sa nature unifiée ou non duelle. Ne sachant pas, il cherche naturellement à s'identifier, tout comme les gens cherchent à trouver et à maintenir leur identité.

Essentiellement, l'Esprit universel se perd dans un rêve de doubles opposés qui prend la forme énergétique d'un tore. La Terre émet ce tore, comme le font tous les centres nerveux de votre corps, notamment votre cerveau, votre cœur et vos intestins. Chaque cellule possède un champ magnétique, un tore. Vous êtes le Témoin qui rêve de lui-même en tant que personne. Vous êtes l'incarnation de l'Infini ayant oublié votre nature Infinie.

Le Témoin, ayant rétréci son attention, a oublié sa nature holistique. Lorsqu'il naît en tant qu'être humain, le Témoin est incarné dans un état d'innocence, comme Adam et Ève dans Genèse 2. Cette innocence demeure jusqu'à ce que le corps humain mûrisse par les sens et développe suffisamment le sens de la conscience de soi. La conscience de soi conduit à des mesures d'autoprotection et à une fermeture du cœur dans un état d'égocentrisme quasi constant. Vous vous souvenez peut-être de cet état lorsque vous étiez adolescent.

Grâce à la socialisation, l'enfant apprend à contrôler suffisamment son égocentrisme pour avoir des relations généralement productives dans la société. Mais, quel que soit son degré de réussite dans le monde, l'individu se sent en quelque sorte incomplet et n'est jamais totalement à l'aise dans sa propre peau. Cet état correspond au doute de soi et à la rébellion d'Adam et Ève dans la Genèse 3.

À ce stade de développement, l'être humain éprouve une insatisfaction intérieure quasi constante. Il a tendance à ne pas se sentir vraiment vu, pas vraiment entendu, et peut même craindre d'être vraiment vu et entendu. Il ressent de la méfiance envers lui-même et les autres.

Ces sentiments découlent d'une perte d'attention contextuelle qui engendre un sentiment de séparation de la vie. Cet état d'attention étroit peut également s'exprimer par le sentiment d'être rejeté et d'être indigne d'être aimé – fondamentalement, par le sentiment d'être seul. Consciemment, nous pouvons douter de nous-mêmes ou nous sentir arrogants. Il est également possible que nous exprimions ces choses mais que nous soyons totalement inconscients de ces expressions. Le fait que nous exprimions le doute de soi ou l'arrogance dépend largement de notre type de personnalité. Dans tous les cas, les deux expressions signalent une profonde insécurité.

La stratégie la plus courante pour l'individu est de chercher à se distraire de ces sentiments sous-jacents par une multitude de moyens : le sommeil, le sexe, les substances enivrantes, les divertissements, les loisirs, les relations, le travail – tout ce qui l'empêche de ressentir son espace intérieur pendant trop longtemps.

Certains individus ont le désir de s'éveiller, c'est-à-dire de voir la dysharmonie sous-jacente et de découvrir leur nature profonde. Cette condition ne doit pas être considérée comme moralement supérieure, car se mesurer de cette manière reviendrait à manger de l'arbre de la connaissance du bien et du mal.

Ce que nous pouvons dire, c'est que pour une raison ou une autre, certains individus se lassent de l'égocentrisme et veulent ouvrir les yeux pour se voir, voir les autres et voir le monde plus complètement. Ils désirent explorer et comprendre ce qui motive les pensées, les sentiments et les comportements inharmonieux qui ont eu un impact négatif sur leur vie. Ils cherchent à être pleinement honnêtes avec eux-mêmes, authentiques et présents dans la vie. Ils cherchent à rendre service, en faisant ce qui est utile, nécessaire, significatif et engageant, selon leur propre définition de ces mots.

Ces individus en éveil, s'ils ***prêtent vraiment attention à leur vie et ne s'en remettent pas aux autorités concernant leur nature profonde, découvrent le sens du repentir et de l'expiation. Ils réalisent qu'être totalement honnêtes avec eux-mêmes sur les facettes de l'égocentrisme, c'est se repentir. La repentance signifie admettre où nous ressentons de la honte, du blâme, de la culpabilité et de l'arrogance. Se repentir, c'est remarquer et corriger l'esprit lorsqu'il nous fait la morale ainsi qu'aux autres ou à l'Univers. Grâce à une prise de conscience soutenue, ces individus cessent ou du moins atténuent les habitudes d'étiquetage, de condamnation, de malédiction et de moralisation.

Pour compléter le processus, ils ouvrent pleinement leur cœur pour libérer le ressentiment et la haine de ces énergies négatives en eux-mêmes et celles qu'ils projettent sur les autres. Ils ouvrent nécessairement le cœur et l'esprit pour voir les causes réelles de ces énergies en supprimant le jugement moralisateur contre ces énergies. La suppression du jugement moralisateur apporte une véritable clarté. Cette clarté est le sens du pardon. Lorsqu'ils voient clairement les causes de la honte, du blâme, de la culpabilité et de l'arrogance, tant qu'ils ne tombent pas dans la honte, le blâme, la culpabilité et l'arrogance en les voyant, alors ils sont clairs. Il est utile de se rappeler l'avertissement de Jésus dans Matthieu 7:1-2 : "Ne jugez point, afin que vous ne soyez point jugés. Car on vous jugera du jugement dont vous jugez, et l'on vous mesurera avec la mesure dont vous mesurez."

Nous devons être attentifs à la signification du pardon. Pour beaucoup d'entre nous, le concept de pardon a été fortement déformé par la tendance moralisatrice de l'esprit. Nous, les humains, avons tendance à nous juger et à juger les autres, que ce soit pour ne pas pardonner ou pour pardonner. Le pardon ou son absence ne vous rend pas bon ou mauvais, supérieur ou inférieur. En fait, le pardon n'est pas un processus moral. Le pardon ne vient que de la clarté. Sans clarté, il ne peut y avoir de pardon. Avec la clarté, nous voyons l'effet étouffant que le jugement moralisateur crée pour toutes les personnes impliquées, et, par conséquent, nous sommes beaucoup moins susceptibles de juger quelqu'un ou quelque chose. Et lorsque nous portons un jugement moral, nous sommes beaucoup plus susceptibles de le remarquer et de le relâcher comme une patate chaude. La clarté, c'est comprendre qu'il existe des raisons pour lesquelles les gens se comportent comme ils le font, même si ces raisons ne sont pas connues.

On pense généralement que le pardon est synonyme de réconciliation, mais le pardon et la réconciliation ne sont pas synonymes. Pardonner signifie libérer les autres de tout jugement moral. La réconciliation, quant à elle, implique la décision de toutes les parties de maintenir la relation, tout en abordant les questions litigieuses.

Si vous avez informé l'autre personne de son comportement indésirable et qu'elle ne le corrige pas de manière durable, il est raisonnable et peut-être même sain de l'exclure de votre vie personnelle. L'individu qui fait preuve de clarté réalise que les personnes qu'il autorise à entrer dans sa vie personnelle sont sa préférence et sa prérogative. C'est cela la clarté.

La personne qui fait preuve de clarté reconnaît qu'elle peut aimer pleinement une personne et lui pardonner son mauvais comportement tout en décidant de ne pas maintenir une relation active avec elle. Elle ne ressent aucune honte, aucun blâme, aucune culpabilité, aucune arrogance ni aucun ressentiment liés au maintien ou à la rupture de la relation. Elle a la clarté de savoir ce qu'elle veut dans sa vie et ce qu'elle ne veut pas, et elle reconnait le prix qu'elle paie pour ses action et inaction.

La personne qui fait preuve de clarté prend l'autorité dans sa vie et ne cherche pas d'excuses. Elle prend soin de négocier avec les autres lorsqu'une négociation est nécessaire, car elle reconnaît qu'éviter des conversations nécessaires mais inconfortables entraîne l'accumulation de ressentiment. Elle comprend que le ressentiment bloque la clarté et ruine les relations.

Bien sûr, l'individu qui s'éveille comprend que la lumière de la clarté brille nécessairement le plus sur ses propres pensées, émotions et comportements. L'individu qui s'éveille s'efforce de voir ses propres motivations. Avec une observation persistante, il peut voir, en détail, la cause de toute pensée, émotion ou comportement négatif, tout en gardant le cœur totalement ouvert. Voir avec un cœur totalement ouvert, c'est l'expiation. L'expiation signifie admettre pourquoi nous pensons, ressentons et agissons comme nous le faisons. L'expiation n'est vraie que si l'admission est sans justification, minimisation, honte, blâme, culpabilité, arrogance ou ressentiment.

Ces personnes remarquent qu'elles gaspillent beaucoup d'énergie à se plaindre inutilement de choses sur lesquelles elles n'ont aucun contrôle. Et avec cette prise de conscience soutenue, les plaintes inefficaces disparaissent de leur vie. Ce simple changement leur permet d'économiser beaucoup de temps et d'énergie qu'elles peuvent ensuite consacrer à ce qu'elles jugent nécessaire, utile, significatif et intéressant. Elles se sentent grandement responsabilisés par ce simple changement.

Avec une application quotidienne soutenue du *principe*, un sentiment d'expansivité ou d'espace se développe au sein de l'individu qui s'éveille. Avec de la persévérance, il s'étend au-delà de la chair et englobe l'environnement qui l'entoure. Ces personnes commencent à avoir l'impression que cet espace est le dénominateur commun de la conscience derrière le cœur et l'esprit de chacun, même si la plupart des gens sont totalement inconscients de ce dénominateur partagé.

L'individu très éveillé peut ressentir cet espace en lui-même, dans les animaux, dans les arbres, dans les rochers, dans tout. Et à mesure que ce sentiment se renforce, il croit de moins en moins qu'il est sa personnalité, ses pensées, ses émotions ou l'histoire de sa vie. Il se peut qu'il soit encore pris dans son identité, ses pensées, ses émotions et son histoire de temps en temps, mais il rompt le charme assez rapidement. À mesure qu'il développe cette capacité à se désidentifier de ces énergies, ces forces perdent leur emprise sur sa vie. Cet individu expérimente une forme de liberté que les autres n'expérimentent pas.

Grâce à une présence spacieuse et ouverte, qui ne doit pas être assimilée à des traits de personnalité tels que l'amabilité ou l'ouverture à l'expérience, ceux qui vivent consciemment avec elle peuvent voir que d'autres personnes sont piégées dans leur esprit, se sentant seules, séparées et indignes d'être aimées, tout comme ils l'ont ressenti autrefois. Ils peuvent voir que la honte, le blâme, la culpabilité et l'arrogance motivent inconsciemment la vie de presque tout le monde. Et ils savent que ces forces sont à l'origine d'un grand nombre de décisions que les gens croient choisir librement.

Ils peuvent également voir que les gens sont piégés et cherchent des distractions ou des échappatoires. Mais l'individu qui s'éveille sait qu'il est impossible d'échapper à la réalité. L'individu qui s'éveille voit clairement que le désir de mesurer sa nature fondamentale, qui est de moraliser le soi, ne fait qu'ajouter à notre profonde insécurité et à notre sentiment de solitude. Fermer temporrairement son attention à ces sentiments inconfortables et tomber dans l'identification personnelle à ces sentiments ne fait qu'alimenter l'état d'insécurité. La personne qui vit dans la clarté voit que le moyen de sortir de ce cauchemar est d'ouvrir son attention à ces sentiments, d'affronter ses peurs, d'admettre les innombrables façons dont elle a pu faire honte, blâmer, culpabiliser les autres et elle-même.

Ainsi, le processus d'éveil peut nous conduire vers une honnêteté profondément incarnée. Souvent, nous pouvons reconnaître que les nobles valeurs pour lesquelles nous nous battons peut-être, comme la paix dans le monde, l'aide aux autres, l'empathie, la gentillesse et l'amour, sont souvent motivées par des énergies bien moins nobles, comme le confort, la recherche d'approbation ou le fait de se considérer comme moralement juste ou spirituel.

De nombreuses personnes peuvent avoir travaillé très dur pour atteindre des objectifs moraux, mais lorsqu'elles s'éveillent et commencent à voir derrière le rideau de leur esprit, il est probable qu'elles remarquent un certain degré de conscience d'image en ce qui concerne ces objectifs, c'est-à-dire qu'elles pourraient avoir cherché l'approbation ou la validation de leur valeur. La pratique combinée d'une profonde honnêteté envers eux-mêmes et de l'ouverture du cœur conduit les personnes cherchant à vivre dans la clarté à travers une forme très saine d'inconfort qui révèle finalement le royaume des Cieux en leur sein. Leur pratique quotidienne est un amour soutenu pour *tout ce qui est*. Cet amour modifie les motivations qui sous-tendent leurs objectifs et leur façon de faire à peu près tout.

Elles réalisent que le royaume des Cieux, lorsqu'il est expérimenté à travers un corps humain, ne doit pas être assimilé au confort. En réalité, l'expérience est une vivacité vibrante, semblable à celle que les athlètes décrivent souvent comme étant "dans la zone". Imaginez que vous chevauchez la foudre alors que vous êtes la foudre. Être dans l'Éden signifie que vous êtes pleinement VOUS.

Ainsi, comme vous pouvez le voir, au cours du processus d'éveil, vous commencez par être expansif, comme dans Genèse 1, vous vous rétrécissez par la manifestation d'un corps innocent, comme dans Genèse 2, vous devenez égocentrique par la conscience de soi, comme dans Genèse 3, et enfin, par la conscience de soi, vous vous élargissez encore, tout en restant vivant, ce qui est le retour à l'Éden. La forme ressemble à celle d'un sablier ou à la figure mathématique de l'infini.

Vous avez maintenant atteint la question la plus essentielle concernant votre expérience avec ce livre. Comment savez-vous si *le principe* du *"point d'autre"* est concret et transformateur ?

La seule façon de le savoir est de le prouver par votre propre vie. Vous pouvez le faire en vous engageant à maintenir un cœur pleinement ouvert et positif, comme nous l'avons vu dans le récit de la création de Genèse 1. Vous pouvez commencer à servir toute la vie en toute innocence, comme Genèse 2 nous le rappelle. Et vous pouvez commencer à remarquer et à réduire les pensées et les expressions trompeuses et inutiles telles que la moralisation, l'étiquetage et les plaintes sur vous-même, les autres et l'Univers, afin d'éviter le piège de l'égocentrisme décrit dans Genèse 3.

Avec une persistance bienveillante, un engagement et un suivi à long terme dans la vie quotidienne, vous saurez par vous-même que vous êtes l'Infini, comme tout le monde et tout ce qui existe. Si vous vous y tenez, ce que je peux dire avec une quasi-certitude, c'est que cela va vous provoquer jusqu'au plus profond de votre être.

Êtes-vous prêt pour le voyage le plus inspirant qu'une personne puisse entreprendre ? Êtes-vous prêt à être pleinement VOUS ?

Avec vous sur le chemin,

Richard L. Haight
10 oct. 2021

P.S. Si vous avez apprécié ce livre, pensez à laisser un commentaire là où vous avez acheté *Le Code de la Genèse*.

P.P.S. Si vous souhaitez discuter du *Code de la Genèse* avec d'autres lecteurs, vous pouvez rejoindre le groupe de lecteurs du *Code de la Genèse* ici (en anglais uniquement):
https://www.facebook.com/groups/thegenesiscode

THE BOOK OF GENESIS

A NEW TRANSLATION FROM

THE TRANSPARENT ENGLISH BIBLE

JAMES D. TABOR

GENESIS PRESS 2000

Guide du lecteur de la traduction de Tabor

Les *caractères italiques* indiquent les mots qui ne figurent pas dans l'hébreu mais qui sont fournis pour un style anglais plus fluide.

Les noms ou termes de Dieu tels que ELOHIM. YHVR, ou ADONAI sont indiqués en majuscules.

Les notes de bas de page explicatives se trouvent en bas de la page et sont indiquées par un numéro en exposant.

Les mots en *italique gras* indiquent un accent particulier dans l'hébreu.

Masculin' Féminin' Singuli-er Pluriel' Causitif- et l'⁴arti-cle défini sont indiqués par ces minuscules lettres en exposant.

Ces "espaces blancs" spéciaux se trouvent dans les manuscrits hébreux originaux et indiquent une pause dans la pensée ou l'accentuation d'une section du texte.

Chapitre 1:14 Et YHVH ELOHIM dit au Nachash. "Parce que tu as fait cela, tu *seras* maudit par-dessus tous les animaux et par-dessus tous les êtres vivants des champs ; tu marcheras sur ton ventre et tu seras dans la poussière tous les jours de ta vie. 15 Et je mettrai de la haine entre toi et la femme, entre ta postérité et sa postérité ; ¹*il* te frappera sur *le* bourrelet, et tu le frap-peras sur *le* talon. "16 il dit à la femme : "Faisant naître beaucoup - je ferai *naître* beaucoup ! -votre détresse' et votre grossesse ; dans la détresse vous engendrerez des fils, et vers votre homme* *sera* votre désir, et *il* domin-era avec' vous."17 Et à Adam*, il dit . "Parce que vous avez écouté la' voix de votre femme, et vous avez mangé de l'arbre dont je vous avais dit . "Tu n'en mangeras pas". *Le* sol sera maudit à cause de toi. Dans la détresse*, tu *en* mangeras tous les jours de ta vie. 18Il te poussera des épines et des chardons, et tu mangeras les plantes des champs. 19 A la sueur de tes deux narines tu mangeras du pain, jusqu'à ce que tu retournes à la terre, car c'est d'elle que tu as été pris ; car tu *es* poussière. et tu retourneras à la poussière."

¹ Ou "progéniture". Heb *zera'* se réfère normalement à la "semence" masculine, mais peut se référer à la reproduction féminine (Gen 16:10 ; Lev 12:2).
² Ou "meurtrir".
³ Ou "tristesse", même mot qu'au v. 17b.
⁴ Heb *'ish*
⁵ Le en ce qui concerne,
⁶ Heb *omed si-man*, sans l'article. probablement ici le nom propre.
⁷ Lit "entendu à"
⁸ Ou "chagrin", même mot vv. 16.

Genèse 1-3 selon James D. Tabor

(Bere'sheet)[1]

Chapitre **1:1** Au commencement[2] d'[f]ELOHIM[3] créant les cieux et la terre – **2** et la terre était[4] ésolation et vide ; et les ténèbres *étaient* sur *la* face[p] de *l*'abîme, et l'esprit[5] d'ELOHIM planait[6] sur la face[p] des eaux – **3** et ELOHIM dit : "Que la lumière soit" ; et la lumière fut. **4** Et ELOHIM vit la lumière, et *elle était* bonne ; et ELOHIM sépara la lumière et les ténèbres[7]. **5** Et ELOHIM appela la lumière "jour"[8], et il appela les ténèbres "nuit". Et il y eut un soir, et il y eut un matin – le premier jour[9].

6 Et ELOHIM dit : "Qu'il y ait une étendue au milieu des eaux, et qu'il y ait une séparation d'eau à eau." **7** Et ELOHIM fit[10] l'étendue, et il sépara les eaux qui *étaient* au-dessous de l'étendue, et les eaux qui *étaient* au-dessus de l'étendue. Et il en fut ainsi. **8** Et ELOHIM appela l'étendue "Cieux". Et il y eut un soir, et il y eut un matin : ce fut le second jour.

9 Et ELOHIM dit : "Que les eaux qui sont sous les Cieux se rassemblent en un seul lieu, [11]et que l'on voie la *terre* sèche". Et il en fut ainsi. **10** Et ELOHIM appela la *terre* sèche "terre", et il appela le rassemblement des eaux "mers". Et ELOHIM vit que *cela était* bon. **11** Et ELOHIM dit : "Que la terre fasse germer [c]*la* pousse, la plante qui sème, l'arbre fruitier qui [12]fructifie, selon son type, sa emence, en elle, sur la terre". Et il en fut ainsi. **12** Et la terre fit sortir [c]*le* germe, une plante semant la graine selon son type, et un arbre donnant du [13]fruit, sa semence, en son sein, selon son espèce. Et ELOHIM vit que *cela était* bon. **13** Et il y eut un soir, et il y eut un matin : ce fut le troisième jour.

14 et ELOHIM dit : "Qu'il y ait des luminaires dans l'étendue des Cieux pour séparer le jour d'avec la nuit; que ce soit[14] des signes pour marquer les époques[15], les jours et les années[16], **15** et qu'ils servent de luminaires dans l'étendue des Cieux pour éclairer la terre." Et cela fut ainsi. **16** Et ELOHIM fit[17] les deux grands luminaires, le plus grand luminaire pour présider au jour, et le plus petit luminaire pour présider à la nuit; il fit aussi les étoiles. **17** Et ELOHIM les plaça dans l'étendue des Cieux, pour éclairer la terre, **18** et pour dominer le jour et la nuit, et pour séparer la lumière et les ténèbres. Et ELOHIM vit que *cela était* bon. **19** Et il y eut un soir, et il y eut un matin : ce fut le quatrième jour.

20 Et ELOHIM dit : "Que les eaux produisent en abondance des animaux vivants[s18] et que des oiseaux volent sur la terre vers[p] l'étendue des Cieux." **21** Et ELOHIM créa les grands poissons[19] et tous les animaux vivants qui se meuvent, et que les eaux produisirent en abondance selon leur espèce, il créa aussi tout oiseau ailé selon son espèce. Et ELOHIM vit que cela était bon. **22** ELOHIM les bénit en disant: "Soyez féconds, multipliez, et remplissez les eaux des mers; et que le volant[20] se multiplie sur la terre." **23** Et il y eut un soir et il y eut un matin : ce fut le cinquième jour.

24 Et ELOHIM dit : "Que la terre produise[c] des animaux vivants selon leur espèce, du bétail, des reptiles et des animaux du sol, selon leur espèce." Et cela fut ainsi. **25** Et ELOHIM fit[21] les choses vivantes de la terre selon leur espèce, l'animal selon son espèce, et tous les choses qui se meuvent sur la terre selon leur espèce. Et ELOHIM vit que *cela était* bon. **26** Et ELOHIM dit : "Faisons[22] des créatures du sol[23] à notre image, selon notre ressemblance, et qu'elles gouvernent[24] les poissons de la mer, les oiseaux des Cieux, les animaux, toute la terre[25] et tout ce qui se meut sur la terre." **27** Et ELOHIM créa la créature du sol à son image : il la créa à l'image d'ELOHIM, il créa un mâle et une femelle. **28** Et ELOHIM les bénit et ELOHIM leur dit : "Portez des fruits, soyez abondants, remplissez la terre, soumettez et gouvernez les poissons de la mer, les oiseaux des Cieux et tous les êtres vivants qui se meuvent sur la terre." **29** Et ELOHIM dit : "Regardez, je vous[p] donne toute herbe portant de la semence et qui *est* à la surface[p] de toute la terre, et tout arbre[d] *ayant* en lui du fruit d'arbre et portant de la semence : ce sera votre[p] *nourriture*. **30** Et à tout être vivant de la terre, à tout volant des Cieux, à tout ce qui se meut sur la terre et qui *a* en lui un souffle de vie[26], toute plante verte *sera un aliment*. "Et il en fut ainsi. **31** Et ELOHIM vit tout ce qu'il avait fait, [27]et voici ! – C'*était* extrêmement bon. Et ce fut un soir et ce fut un matin, le sixième jour.

Chapitre **2:1** Et les Cieux et la terre et toute leur compagnie[28] furent achevés. **2** Et ELOHIM acheva au septième jour son œuvre qu'il avait faite, et il cessa[29] au septième jour[30] toute son œuvre qu'il avait faite. **3** Et ELOHIM bénit le septième jour, et il le mit à part, parce qu'il cessa au septième jour toute son œuvre qu'ELOHIM avait créée.

4 Voici *les* origines des Cieux et de la terre[31], au moment de leur création. *Au* jour de la création[32] de YHVH[33] ELOHIM, la terre et les Cieux, **5** et *il* n'y avait auparavant aucun arbuste des champs sur la terre, et aucune plante des champs n'avait auparavant germé, car YHVH ELOHIM n'avait pas fait pleuvoir[c] sur la terre, et il n'y avait aucune créature du sol pour entretenir le sol ; **6** et un flux[34] montait de la terre, et il abreuvait [c]toute la face[p] du sol – **7** et YHVH ELOHIM façonna la créature du sol – la poussière du sol, [35]et il souffla dans ses deux narines un souffle[36] de vie[p] ; et la créature du sol devint un être vivant qui respirait la vie.[37] **8** Et YHVH ELOHIM planta un Jardin en Éden, [38]à l'orient, et il y plaça la créature du sol qu'il avait façonnée. **9** Et YHVH ELOHIM fit germer[c] du sol tout arbre agréable à voir et bon à *manger*, et l'arbre de vie[p] au milieu du jardin, et l'arbre de la connaissance du bien et du mal. **10** Et un fleuve sort d'Éden pour abreuver[c] le jardin, et de là il se sépare et devient quatre têtes. **11** Le nom de l'un *est* Pishon ;[39] il parcourt tout le pays de la Havila, où il *y a de l'*or[d], **12** et l'or de ce pays *est* bon ; on y *trouve le* bdellium et la pierre d'onyx. **13** Et le nom du second fleuve *est* Gihon ; [40]il entoure tout le pays de Cush.[41] **14** Et le nom du troisième fleuve *est* Hiddékel ;[42] *c'est* celui qui marche à l'est de l'Assyrie. Et le quatrième fleuve, *c'est l'*Euphrate. [43]**15** Et YHVH ELOHIM prit la créature du sol et la fit reposer[c] dans le Jardin d'Éden, pour la servir et la garder. **16** Et YHVH ELOHIM imposa à la créature du sol de dire : "De tout arbre du jardin, tu mangeras, tu mangeras ![44] **17** Et de l'arbre de la connaissance du bien et du mal, tu n'en mangeras pas, car le jour où tu en mangeras, tu mourras pour sûr!"[45] **18** Et YHVH ELOHIM dit : "Pas bon que l'homme soit seul, je lui ferai[46] une aide semblable à lui[47]." **19** Et YHVH ELOHIM forma du sol tout être vivant des champs et tout oiseau des Cieux, et il s'approcha[c] de l'être vivant du sol pour voir ce qu'il appellerait ; et ce que l'être vivant du sol appellerait, tout être vivant, ce *serait* son nom. **20** Et la créature du sol appela des noms à tout animal, et au voleur des Cieux, et à tout être vivant des champs ; et à la *créature du sol*[48] il ne trouva pas d'aide, comme son *aide d'*avant.[49] **21** Et YHVH ELOHIM fit tomber un profond sommeil[c] sur la créature du sol, et elle dormit ; et il prit un de ses flancs, et il referma de la chair sous elle. **22** Et YHVH ELOHIM fit du côté qu'il avait pris de la créature du sol une femme, et il la fit venir[c] vers la créature du sol. **23** Et la créature du sol dit : "Celle-ci, cette fois, est l'os de mes os et la chair de ma chair. C'est à elle qu'on donnera le nom de femme, [50]car c'est d'un homme[51] qu'elle a été tirée." **24** C'est pourquoi l'homme[52] quittera son père et sa mère, et s'unira[53] à sa femme, et ils deviendront une seule chair. **25** Et tous *deux* étaient nus, [54]l'homme du sol et sa femme, et ils n'avaient pas honte. Chapitre **3:1** Et le Nachash[55] était avisé[56] – de[57] tout être vivant des champs que YHVH ELOHIM a faits[58]. Et il dit à la femme : "Est-ce qu'ELOHIM a bien dit : Tu[P] ne mangeras pas d'un arbre du jardin ?" **2** Et la femme dit au Nachash : "Nous pouvons manger du fruit des arbre[s] du jardin ; **3** et du fruit de l'arbre qui est au milieu du jardin, ELOHIM a dit : Tu[P] n'en mangeras pas et tu n'y toucheras pas, de peur de mourir. **4** Et le Nachash dit à la femme : "Mourir, tu[P] ne mourras pas *pour sûr* ![59] **5** Car ELOHIM sait que le jour où tu[P] en mangeras, tes yeux s'ouvriront et tu[P] seras comme ELOHIM, connaissant[P] le bien et le mal." **6** Et la femme vit que l'arbre *était* bon à manger, et qu'il *était* agréable aux yeux, et que l'arbre *était* désirable pour provoquer la vue[c], et elle prit de son fruit et elle mangea ; et elle donna aussi à son homme[60] avec elle, et il mangea. **7** Et les yeux de tous les deux s'ouvrirent, et ils connurent qu'ils *étaient* nus ; et ils cousirent des feuilles[s] de figuier et ils se firent[61] des pagnes. **8** Et ils entendirent la voix[62] de YHVH ELOHIM qui se promenait[63] dans le jardin dans le vent[64] du jour, et la créature du sol se cacha[c] – ainsi que sa femme – de la face[P] de YHVH ELOHIM au milieu des arbres[s] du jardin. **9** Et YHVH ELOHIM appela la *créature du sol* et lui dit : "Où *es-tu* ?" **10** Et il répondit : "J'ai entendu ta voix[65] dans le jardin, et j'ai eu peur, car j'*étais* nu, et je me suis caché." **11** Et il dit : "Qui t'a dit que tu *étais* nu ? De l'arbre dont je t'avais recommandé de ne pas manger, as-tu mangé ?" **12** Et la créature du sol répondit : "La femme – celle que tu as donnée *pour être* avec moi – m'a donné de l'arbre et j'ai mangé." **13** Et YHVH ELOHIM dit à la femme : "Qu'est-ce *que* tu as fait ?" Et la femme dit : "Le Nachash m'a trompée et j'ai mangé." **14** Et YHVH ELOHIM dit au Nachash : "Parce que tu as fait cela, tu *seras* maudit par-dessus tous les animaux et par-dessus tous les êtres vivants des champs ; tu marcheras sur ton ventre et tu mangeras de la poussière tous les jours de ta vie[P]. **15** Et je mettrai de l'hostilité entre toi et la femme, entre ta descendance et sa postérité ;[66] *il* te frappera[67] *à la* tête, et *tu* le frapperas *au* talon." **16** Envers la femme, il dit – "Abondez[c] – j'abonderai pour sûr[c] ![68] – ta détresse[69] et ta grossesse ; dans ta détresse, tu enfanteras des fils, et vers ton homme[70] *sera* ton désir, et *il* dominera en toi."[71] **17** Et il dit à la *créature du sol*[72] : "Parce que tu as écouté[73] la voix de ta femme et que tu as mangé de l'arbre dont je t'avais dit : "Tu n'en mangeras pas", le sol *est* maudit à cause de toi. Tu le mangeras dans la détresse[74] tous les jours de ta vie[P] ; **18** il te poussera des épines et des chardons, et tu mangeras la plante des champs. **19** C'est à la sueur de tes deux narines que tu mangeras du pain, jusqu'à ce que tu retournes vers la terre, car c'est d'elle que tu as été pris ; car tu es poussière, et c'est vers la poussière que tu retourneras." **20** Et la créature du sol appela le nom de sa femme Ève[75], car *elle* était la mère de tous les vivants. **21** Et YHVH ELOHIM fit[76] pour la *créature du sol*[77] et sa femme des robes de peau, et il les habilla.

22 Et YHVH ELOHIM dit : "Regarde, la créature du sol est devenue comme l'un d'entre nous,[78] elle connaît le bien et le mal ; et maintenant, craignons qu'elle n'avance la main et ne prenne aussi de l'arbre de vie[P] , qu'elle ne mange, et qu'elle ne vive pendant un certain temps… !"[79] **23** Et YHVH ELOHIM le fit sortir[80] du jardin d'Éden, pour qu'il travaille le sol dont il avait été pris. **24** Et il chassa[81] la créature du sol, et il fit habiter[c] à l'est du jardin d'Éden, les chérubins, et la flamme de l'épée qui tournait, pour garder le chemin de l'arbre de vie[P].

---

1 Les livres de la Bible hébraïque sont nommés à partir de leurs premiers mots : ici Bere'sheet , qui signifie Au premier de…".

2 Lit "A *la* tête de", Heb Bere'sheet cette construction grammaticale est une phrase temporelle signifiant, Quand d'abord…", voir Jer 26:1 où la même forme se produit. Elle présente "l'état des choses" lorsque l'activité créatrice commence.

3 ELOHIM est un nom pluriel, mais fonctionne souvent comme un singulier collectif, prenant un verbe singulier. Il est lié aux termes hébreux : "eloah" et "el", qui signifient Dieu, dieu, puissance ou puissant, et peut signer des juges et des dirigeants, des êtres célestes, les dieux des nations ou le Dieu unique d'Israël.

4 Ou est "devenu".

5 Heb *ruach*, lit "vent", voir Gn 7:1.

6 C'est-à-dire "vaciller" ou "trembler", voir Deut 32:11 ; Jer 23:9, les deux seuls autres endroits où ce verbe est utilisé, toujours sous une forme intensive (Piel).

7 C'est-à-dire qu'il a séparé la lumière des ténèbres.

8 DSS "jour".

9 Ces sauts de paragraphe, ainsi que les petites divisions en "espace blanc" (voir Gn 3, 16 17), sont tirés du texte hébreu et sont reproduits avec précision tout au long de cette traduction, comme expliqué dans l'introduction.

10 Ou "faisait".

11 DSS "un rassemblement", produisant une allitération avec le verbe "rassembler".

12 Ou "faire".

13 Ou "faisant".

14 DSS "et ils étaient" ; cette lecture semble soutenir la possibilité que la citation directe se termine après "... d'avec la nuit", comme certains traducteurs l'ont suggéré.

15 Heb *mo'adim*, "marquer les époques", qu'elles soient astronomiques, divines ou humaines.

16 DSS "depuis des années."

17 Ou "faisait".

18 Heb *nephesh chayyah*, désigne la vie respiratoire de tous types ; le même terme est utilisé en 1:24 pour les animaux du sols et en 2:7 pour les humains.

19 Heb *tanin*, désigne toute créature féroce ressemblant à un monstre, généralement dans la mer ou les rivières. Voir Gen 1:21 ; Exo 7:9 ; Psa 91:13 ; Isa 27:1 ; Ezk 29:3.

20 DSS "la chose volante sera abondante."

21 Ou "fabriqua".

22 Ou "fabriquons".

23 Heb *'adam*, de *'adamah*, "terre", ou "terre rouge".

24 Signifie "envers" ici et aussi au v. 28.

25 Syriac "sur tous les animaux de la terre".

26 Heb *nephesh chayyah*, utilisé pour les humains en Gn 2:7.

27 Ou "fabriqué".

28 Ou "armée", Heb *tzava'*, fait référence à un rassemblement ou à une réunion.

29 Heb *shavat*, ou "reposé", dans le sens de s'arrêter.

30 Les LXX, le Syriac et le SP lisent ici "sixième jour".

31 La Genèse comporte dix divisions. Toutes commencent avec la phrase "*Voici les origines...*" et elles sont indiquées en gras dans la traduction.

32 Lit "fabrication".

33 Nom du Dieu d'Israël יהוה (Tetragrammaton), traditionnellement Yahveh , ou Yehovah ; traduit "Seigneur" dans la plupart des versions françaises mais laissé ici comme quatre lettres sans voyelles.

34 Ou "brume", sens incertain, utilisé seulement ici et dans Job 36:27.

35 Heb *'adamah*, d'où le terme *"créature du sol"* (*'adam*) est dérivé.

36 Heb *nishamah*, cf. Gn 7:15,22 où un terme différent est utilisé.

37 Heb *nephesh chayyah*, même terme que dans 1:20,21,24, désigne la vie respiratoire de tout type, qu'elle soit animale ou humaine. La traduction française standard "âme" est donc trompeuse.

38 Nom d'un lieu ou d'une région, signifiant "plaisir" ou "félicité".

39 Probablement du verbe *pousser*, "sauter", "se répandre".

40 Signifiant, "jaillir".

41 Incertain, peut être les terres du sud du Nil.

42 Signification incertaine ; les LXX lisent Tigris.

43 Heb *Pherat*, "fécondité".

44 Le double emploi du verbe indique l'accentuation.

45 Le double emploi du verbe indique l'accentuation.

46 Ou "fabriquerai".

47 C'est-à-dire celui qui lui fait face, avant ou en face de lui, comme son homologue correspondant.

48 Heb *'adam*, " *créature du sol* ", sans l'article, que certains ont pris pour le nom propre, " Adam ".

49 Voir la note sur le v. 18.

50 Heb *'ishah*.

51 Heb *'ish*.

52 Heb *'ish*.

53 C'est-à-dire, coller, comme dans la soudure.

54 Heb *'arumim*, jeu de mots avec "avisé" dans le verset suivant.

55 Heb *nachash*, généralement un serpent, mais il peut également désigner une créature marine (Amos 9:3 ; Isa 27:1), la racine signifiant "briller" (comme l'airain) ou "siffler" comme dans l'enchantement.

56 Heb *'arum*, voir le verset précédent ; "nu" vient de la même racine, signifiant "lisse" ou "glissant".

57 C'est-à-dire, plus astucieux par rapport à tous les autres.

58 Ou "faisait".

59 Le double emploi du verbe indique l'accentuation.

60 Heb *'ish*.

61 Ou "ont fait pour eux-mêmes."

62 C 'est-à-dire le son ; en hébreu, la "voix" est utilisée comme une métaphore pour toutes sortes de sons.

63 Cette forme du verbe porte un sens itératif, donc "marcher d'avant en arrière".

64 C'est-à-dire, la brise.

65 C 'est-à-dire le son ; en hébreu, la "voix" est utilisée comme une métaphore pour toutes sortes de sons.

66 Ou "progéniture", Heb *zera'* se réfère normalement à la "semence" masculine, mais peut également se référer à la reproduction féminine (Gen 16:10 ; Lev 12:2).

67 Ou "bleu".

68 Le double emploi du verbe indique l'accentuation.

69 Ou "tristesse", même mot qu'au v. 17b.

70 Heb *'ish*.

71 C'est-à-dire, à l'égard de ; cf. Gn 4,7, même expression utilisée.

72 Heb *'adam*, "*créature du sol*", sans l'article, probablement le nom propre, "Adam".

73 Lit "entendu à. "

74 Ou "tristesse", "difficultés", même mot qu'au v. 16.

75 Heb *chavah*, qui signifie "vivant".

76 Ou "faisait".

77 Heb *'adam*, "*créature du sol*", sans l'article, probablement le nom propre, "Adam".

78 Ou "de lui", le pronom peut signifier "nous" ou "lui" ici.

79 Signifie continuellement; l'idiome Heb fait référence à une durée indéterminée dans le futur ou le passé. La phrase est incomplète et s'arrête avant la fin de la pensée.

80 Forme intensive du verbe (Piel).

81 Forme intensive du verbe (Piel).

Annexe

Pratiques utiles

Chapitre 9 – Pratiquer la louange

Prenez un moment pour visualiser la cible de chaque louange, puis lisez à haute voix la louange en ressentant les vibrations des mots lorsqu'ils sont prononcés en direction de la cible visée.

Pour un effet optimal, n'intellectualisez pas pour l'instant ; visualisez et ressentez simplement le corps pendant que vous prononcez les mots avec intention. Les mots sans la visualisation et le ressenti ne nous mèneront jamais au but.

1. Lumière – "Et Dieu voit la lumière, que *c'est* Dieu"
2. Terre et mers – "Et Dieu voit que *c'est* Dieu"
3. Plantes et arbres – "Et Dieu voit que *c'est* Dieu"
4. Soleil, lune, étoiles – "Et Dieu voit que *c'est* Dieu"
5. Créatures aquatiques et volantes – "Et Dieu voit que *c'est* Dieu"

6. Les créatures du sol- "Et Dieu voit que *c'est* Dieu"
7. Tout ce qui est – "Et Dieu voit tout ce qui est, et regardez !
    – ... *c'est* Dieu tout entier. "

Regardez dans le miroir, et tout en sentant votre corps entier, répétez et sentez : "Et Dieu voit que je suis Dieu."

La pratique et quelques étirements légers pour relâcher les tensions aideront à résoudre les jugements inutiles et les sentiments de séparation contenus dans le subconscient.

Maintenant, regardez autour de vous. À tous ceux et à toutes les choses que vous voyez, répétez avec émotion : "Et Dieu voit que c'est complètement, parfaitement Dieu."

<u>Chapitre 10 – La sollicitude</u>

Pensez à votre vie. Y a-t-il quelque chose que vous faites ou avez fait qui ressemble à une véritable prise en charge ? Ce serait un acte de service, fait avec amour, qui ne vous rapporte rien au niveau de l'ego. Ce que nous indiquons est une communion où tout le monde est servi, y compris vous, sans un sentiment d'égocentrisme ou de codépendance concernant le service. Quoi que vous fassiez qui corresponde à cette définition, c'est une activité qui est en alignement avec votre nature la plus vraie, l'Infini en vous. Quelle que soit cette activité, elle profite à tout le monde et à tout d'une certaine manière. Vous pourriez vous permettre d'en faire plus.

Les activités artistiques, créatives et inspirantes sont à ranger dans la catégorie des soins, car elles nourrissent l'âme. Ce sont des soins, tant que vous y participez innocemment, joyeusement, de tout votre être, et que vous les partagez avec un cœur ouvert, sans vous soucier de la façon dont vous pourriez être jugé. Il n'y a pas de problème à devenir célèbre ou à accepter de l'argent pour les. Produits de ces activités nourrissantes, tant que la réputation et la richesse ne sont pas les principales motivations.

Chapitre 11 – Réduire l'habitude du jugement moral

Passez un peu de temps chaque jour à faire le compte des moments de la journée où vous avez mesuré ou jugé votre valeur fondamentale ou celle d'une autre personne. Remarquez quand vous avez ressenti de la honte, du blâme, de la culpabilité ou de l'arrogance. Laissez tomber ces sentiments, car ils ne sont pas utiles.

Au lieu de vous auto-flageller avec des énergies inefficaces comme le jugement moral et de perpétuer la souffrance d'Adam et Ève, réfléchissez simplement à ce que vous préféreriez dans votre vie si vous vous aimiez vraiment et vouliez être le plus complet possible. Préférez-vous perpétuer un comportement pour lequel vous vous jugez et jugez les autres ? Si ce n'est pas le cas, faites-en moins, et faites un peu plus de ce qui vous amène dans une direction saine.

En réduisant le jugement moral, en faisant moins de ce qui est malsain pour votre bien à long terme et en faisant plus de ce qui est sain, votre exemple encourage les autres à faire des changements sains et à se libérer du jugement moral. Avec une persistance quotidienne, cette pratique peut apporter une grande clarté intérieure et une grande libération. Et n'oubliez pas qu'il n'y a pas, et qu'il n'y a jamais eu, de péché originel.

Chapitre 13 – Exercice du silence vibrant

Pratiquer un silence vibrant dans votre vie quotidienne peut révéler un sens de l'instant présent qui peut être extrêmement transformateur dans votre vie. La clé est de faire une pause pour faire l'expérience de la présence vibrante de l'instant et deremarquer ce qui vous empêche d'entrer pleinement dans cette expérience. Si vous vous efforcez de corriger les blocages tout en pratiquant un silence vibrant, avec le temps, l'expérience devient plus accessible. Finalement, votre vie devient l'incarnation consciente de la présence vibrante.

Chapitre 13 – Exercice d'unification de la lumière

Consacrez quelques minutes par jour à la pratique de ce simple exercice de visualisation. Installez-vous confortablement et fermez les yeux. Imaginez qu'en dessous ou derrière votre perception du monde, une brillante lumière blanche unifie tout et tout le monde dans un amour inconditionnel.

Ne réfléchissez pas trop à cet exercice. Ne faites aucun effort pour analyser ou transformer cette pratique en une philosophie ou une idéologie. Au contraire, permettez-vous d'être innocent comme un jeune enfant pendant cet exercice. Imaginez l'Univers tout entier rayonnant d'un amour chaleureux et enveloppant. Imaginez que votre corps est également imprégné de cette lumière. Relâchez tout jugement à l'égard de vous-même, de votre corps, des autres (y compris vos ennemis) et de l'Univers. Soyez dans l'amour autant que vous le pouvez pendant quelques minutes chaque jour.

Avec de la pratique, vous pourrez le faire les yeux ouverts, mais pour beaucoup de gens, il est plus facile de commencer les yeux fermés. Vous pouvez essayer les deux façons de faire chaque jour pour entraîner le cerveau à être flexible avec cet exercice.

Chapitre 14 – Se libérer des étiquettes

Un exercice sain que vous pourriez appliquer activement tout au long de votre journée consiste à remarquer chaque fois que vous vous étiqueter comme étant ceci ou cela. Les étiquettes les plus évidentes sont celles que vous vous attribuez comme étant "bon" ou "mauvais", mais toute étiquette à laquelle vous vous identifiez vraiment, comme votre profession, votre position sociale ou économique, votre valeur, etc. mérite une attention particulière. Il est tout aussi important de noter une résistance à toute étiquette contre laquelle vous vous identifiez fortement, comme "je ne suis pas un menteur" ou "je ne suis pas avare". Le maintien de telles étiquettes peut être très limitatif et empêcher une amélioration saine de la vie.

Vous pourriez également prendre note des cas où vous enfermez les autres dans des étiquettes. C'est si facile à faire. Lorsque nous croyons que les autres sont les étiquettes que nous leur avons psychiquement attachées, il devient très difficile pour ces personnes de se libérer sans rompre la relation. Libérez-les en ne croyant pas aux étiquettes. Dans votre cœur, vous pouvez même ignorer les étiquettes qu'ils s'appliquent à eux-mêmes.

Le but de cet exercice est de reprendre contact avec votre nature essentielle, indéfinie, petit à petit au cours de votre journée. Lorsque vous remarquez qu'une étiquette surgit dans votre esprit, prenez-en note et rappelez-vous qu'en essence vous *n'êtes pas une chose* en particulier. Accordez-vous un moment pour ressentir ce que c'est que d'être sans aucune pensée. Même quelques secondes par-ci par-là peuvent aider.

<u>Chapitre 15 – Pratique des mots vrais</u>

Il s'agit d'une pratique de base qui tire parti d'une autre signification de logos, qui est une "parole vraie". Une grande partie de notre dysharmonie intérieure résulte simplement du fait que nous sommes malhonnêtes avec nous-mêmes et avec les autres. Pratiquer le logos signifie ajuster nos paroles et nos pensées afin d'être plus alignés et plus vrais dans nos cœurs.

Pour être honnête, il semble beaucoup plus facile de savoir quand nous ne sommes pas vrais que quand nous sommes vrais, car la vérité peut être difficile à cerner. Ainsi, avec cet exercice, remarquez toutes les pensées et le langage que vous utilisez qui ne correspondent pas à la façon dont vous penseriez et parleriez si vous aimiez, faisiez confiance et souteniez vraiment la plénitude de votre être.

Voici une courte liste de pensées et d'expressions qui nous éloignent de l'expression la plus complète de notre vraie nature :

Auto-dépréciation (habituelle)

Auto-glorification

Approbation par lâcheté

Auto-victimisation

Certitude

Commérage

Condamnation

Curiosité malsaine

Des mensonges blancs inutiles

Domination

Éviter la responsabilité

Flatterie

Haine

Je te l'avais dit!

Lenteur

Manipulation émotionnelle

Méchanceté

Minimiser la responsabilité

Négligence

Ne pas tenir sa parole

Plainte inefficace

Positionnement social

Promesses occasionnelles

Rancœur

Rationalisation des désirs

Recherche d'approbation

Recherche d'attention

Se plaindre

S'identifier à une idéologie

Supposer des motivations

Tromperie

Vantardise

Glossaire

Absorption de soi: être complètement pris dans sa propre perspective, image et histoire de vie.

Conscience de soi: anticiper et supposer que vous savez comment les autres vous perçoivent.

Conscience pure: fondement immuable de la perception au cœur de *tout ce qui est*. Se rapporte à YHVH dans ce travail.

Éden: synonyme de royaume des Cieux ; paradis

Elohim: pluriel de *El*, qui signifie divinité. Elohim est considéré comme le créateur de l'Univers, comme le reflète Genèse 1. Voir *Esprit Universel.*

Esprit universel: aspect du Témoin qui génère l'expérience holographique de l'Univers. Relatif aux Elohim dans ce travail.

L'arbre de la connaissance du bien et du mal: conscience de soi, désir de savoir avec certitude, perspective myope, identité de soi, jugement moral.

L'arbre de vie: attention spatiale, sentiments, confiance, empathie, vue d'ensemble.

La Parole de Dieu: synonyme de l'Esprit-Saint.

Le code: carte de la Genèse qui indique le principe et le chemin que les humains doivent emprunter pour retrouver l'harmonie.

L'Esprit-Saint: vibration de l'Univers.

L'Infini: terme général qui englobe tous les aspects de ce que l'on pourrait appeler Dieu.

Le principe: principe directeur de la Conscience pure ; il *n'y en a point d'autre.*

Le royaume des cieux: synonyme du Jardin d'Éden ; paradis.

Le satan: obstacle, juge, procureur, trompeur.

Le serpent: esprit d'égocentrisme qui est en chacun de nous.

Le Témoin: terme général qui englobe tous les aspects de ce que l'on pourrait appeler Dieu.

Logos: signifie "parole vraie" en grec ; c'est aussi le synonyme de l'Esprit-Saint dans le christianisme.

Tétragramme: mot hébreu de quatre lettres יהוה, généralement translittéré YHWH, YHVH ou JHVH, indiquant le Dieu d'Israël.

Tore: forme géométrique comme celle d'un anneau ou d'un beignet avec un trou.

YHVH: tétragramme, le mot hébreu de quatre lettres יהוה, indiquant généralement le Dieu d'Israël.

Remerciements

Tout d'abord, je tiens à exprimer ma profonde gratitude à Barbara Becker et Linda LaTores pour leur aide à la recherche tout au long de ce projet.

Je tiens également à remercier Mark Lyon, Irene Critchley et Kathleen Kellaigh, ainsi que Barbara Becker et Linda LaTores pour le temps et les efforts qu'ils ont investis pour aider à améliorer le texte. Leurs suggestions, leurs questions et leur œil pour les faux pas grammaticaux ont grandement amélioré ce livre.

Je remercie Ted Noble, Jenn Coelho, Lisa Williams, Phillip Garver et Chris Robertson pour leurs commentaires sur la version finale du manuscrit.

J'offre ma plus profonde gratitude à ma correctrice, Hester Lee Furey, pour l'excellence dont elle fait preuve dans son travail. Travailler avec Lee a été un enseignement et un honneur. Et à Oriana Gatta, dont la relecture et les suggestions de contenu ont fait passer le livre au niveau supérieur, je partage une grande gratitude.

Je partage ma profonde reconnaissance envers le professeur James D. Tabor pour son soutien généreux. J'ai demandé à M. Tabor l'autorisation d'utiliser l'intégralité des chapitres 1 à 3 de son livre *The Book of Genesis: A New Translation from the Transparent English Bible*, ce qu'il m'a rapidement accordé. Le docteur Tabor a dépassé mes espérances, allant jusqu'à m'envoyer les fichiers du manuscrit original pour que je puisse copier et coller le contenu dans son intégralité, afin de garder tout en contexte. La traduction de James D. Tabor est époustouflante. Si vous cherchez une traduction qui saisit l'essence de l'hébreu original, ne cherchez pas plus loin : [ouvrage non-traduit en français – N.d.T.]

Je tiens à remercier les Frères Reed d'avoir soutenu ce livre avec leur chanson "Irish Hymn", d'une profondeur et d'une émotion magnifiques. The Brother's Reed est un groupe local qui a du cœur, de la créativité et du talent. Je leur souhaite le meilleur avec leur musique et leurs amours.

Enfin, je remercie ces anciens individus anonymes qui, de génération en génération, se sont efforcés de transmettre avec sérieux les histoires que nous connaissons sous le nom de Livre de la Genèse. Sans leurs efforts, il n'y aurait aucune trace du chemin vers la liberté intérieure qu'ils ont soigneusement protégé.

Aperçu de *La Méditation du guerrier*

Lauréat d'or 2020 des Readers' Favorite Awards, *La Méditation du guerrier* enseigne la forme originale, instinctive et non religieuse de méditation qui a été pratiquement perdue. Richard L. Haight, instructeur de quatre arts samouraïs, partage le secret le mieux gardé au monde en matière d'amélioration de soi, de développement cognitif et de réduction du stress.

Vous vous demanderez peut-être comment l'expérience des samouraïs peut ressembler à votre vie moderne. Tout comme le samouraï, nous avons besoin d'une méditation qui permet à nos actions dans un monde sous haute pression et au rythme effréné de découler d'une conscience profonde. *La Méditation du guerrier* vous aide à accéder naturellement à cette profondeur et à vous exprimer.

La Méditation du guerrier est flexible dans son application, ce qui lui permet de s'adapter à tout ce que votre journée vous réserve. Grâce à de courtes séances quotidiennes, les nombreux avantages de la méditation sur la santé physique et cognitive, vérifiés scientifiquement, s'offrent à vous. Vous n'avez plus besoin de vous retirer de la vie pour méditer, car avec *La Méditation du guerrier*, vous pouvez profiter du calme, d'une conscience claire et d'une vie exaltante où que vous soyez. Vous finirez par faire de la méditation une manière d'être, et non plus une manière d'agir.

Aperçu de *La Conscience inébranlable*

Lauréat d'or 2021 des Readers' Favorite Awards, *La Conscience inébranlable* enseigne comment rester présent, lucide et calme face aux événements imprévisibles de la vie. Il vous offre un moyen de vous ancrer lorsque la vie vous malmène.

Grâce à *La Conscience inébranlable*, vous accéderez à la conscience méditative dans des conditions imparfaites – les yeux ouverts, au cours de votre vie quotidienne active. Une fois familiarisé avec la technique, votre capacité à accéder à une profonde clarté méditative et à la maintenir malgré les activités et les pressions de toutes sortes s'améliorera considérablement, tout comme la qualité de votre vie. Quels que soient vos antécédents ou votre niveau d'expérience, si vous relevez les défis avec une attitude positive, vous serez tout à fait étonné de vos progrès rapides.

Tout au long de votre formation, vous utiliserez un puissant système d'évaluation des progrès issu d'une ancienne sagesse perdue. Vous obtiendrez un retour d'information clair et quotidien sur vos progrès, qui vous incitera à relever des défis encore plus grands et à réaliser d'autres possibilités de prise de conscience et d'avantages pour la santé. Vous trouverez également un cahier d'exercices étape par étape téléchargeable et un calendrier d'entraînement pour vous aider à rester sur la bonne voie.

A propos de l'auteur

Richard L. Haight est l'auteur, trois fois primé, de *La Méditation du guerrier*, *La Conscience inébranlable* et *The Unbound Soul*, et il est instructeur avancé d'arts martiaux, de méditation et de guérison. Richard a commencé à s'entraîner aux arts martiaux à l'âge de 12 ans et a déménagé au Japon à l'âge de 24 ans pour parfaire sa formation avec des maîtres du sabre, du bâton et de l'aiki-jujutsu.

Richard Haight a vécu et s'est entraîné au Japon pendant 15 ans tout en enseignant l'anglais comme langue étrangère dans les écoles secondaires. Il y a épousé sa femme Teruko et a obtenu des licences d'enseignement de quatre arts samouraïs et d'un art thérapeutique appelé Sotai-ho.

Grâce à ses enseignements souples et très pratiques, Richard Haight contribue à déclencher un mouvement mondial de transformation personnelle, libre de toute contrainte et ouvert à tous les niveaux. Richard Haight vit et enseigne actuellement dans le sud de l'Oregon, aux États-Unis.

Contact

Voici quelques façons d'entrer en contact avec les enseignements de Richard Haight [en anglais uniquement] :

- Email : contact@richardlhaight.com
- Site Web : https://richardlhaight.com
- Cours de méditation à l'essai pendant un mois : https://richardlhaight.com/services
- Notifications de publication : https://richardlhaight.com/notifications
- YouTube : Awakening with Richard L Haight
- Facebook : https://facebook.com/richardlhaightauthor
- Le groupe des lecteurs du code de la Genèse (anglais): https://www.facebook.com/groups/thegenesiscode

Formation à la meditation guidée quotidienne avec Richard L. Haight

De nombreuses pratiques sont incluses dans le Code de la Genèse pour aider au processus de réintégration consciente de l'Éden métaphorique. L'application quotidienne est la clé. Dans le cadre de mon propre cheminement, je partage une forme de méditation qui aide à l'incarnation du principe. J'appelle cette pratique "Total Embodiment Meditation" (TEM). Nous pratiquons pendant 15 minutes chaque jour, et cela fait une énorme différence.

Si vous souhaitez me rejoindre dans la pratique de cette méditation, vous pouvez obtenir un essai de 30 jours de ma méditation guidée quotidienne TEM. Des milliers de personnes la pratiquent chaque jour. J'espère vous y voir ! [en anglais uniquement] Visitez : https://richardlhaight.com/services